人力资源和社会保障政策法规丛书

企业年金政策法规专辑

中国劳动社会保障出版社

图书在版编目（CIP）数据

企业年金政策法规专辑/《企业年金政策法规专辑》编写组组织编写. -- 北京：中国劳动社会保障出版社，2018
（人力资源和社会保障政策法规丛书）
ISBN 978-7-5167-3494-0

Ⅰ.①企… Ⅱ.①企… Ⅲ.①企业-养老保险-财政政策-中国②企业-养老保险-劳动法-中国 Ⅳ.①F842.67②D922.55

中国版本图书馆 CIP 数据核字（2018）第 137158 号

中国劳动社会保障出版社出版发行
（北京市惠新东街 1 号　邮政编码：100029）
*
北京市艺辉印刷有限公司印刷装订　新华书店经销

850 毫米×1168 毫米　32 开本　3.25 印张　72 千字
2018 年 7 月第 1 版　2018 年 7 月第 1 次印刷
定价：10.00 元

读者服务部电话：（010）64929211/84209101/64921644
营销中心电话：（010）64962347
出版社网址：http://www.class.com.cn

版权专有　　侵权必究

如有印装差错，请与本社联系调换：（010）50948191
我社将与版权执法机关配合，大力打击盗印、销售和使用盗版图书活动，敬请广大读者协助举报，经查实将给予举报者奖励。
举报电话：（010）64954652

目　　录

企业年金办法
　　（2017年12月18日人力资源社会保障部、财政部令
　　第36号发布，自2018年2月1日起施行）……………（ 1 ）

关于进一步做好企业年金方案备案工作的意见
　　（2014年5月16日人力资源社会保障部发布
　　人社厅发〔2014〕60号）　……………………………（ 8 ）

企业年金基金管理办法
　　（2011年2月12日人力资源社会保障部、银监会、
　　证监会、保监会令第11号公布　根据2015年4月
　　30日《人力资源社会保障部关于修改部分规章的
　　决定》修订）……………………………………………（49）

关于扩大企业年金基金投资范围的通知
　　（2013年3月19日人力资源社会保障部发布
　　人社部发〔2013〕23号）　……………………………（72）

关于企业年金养老金产品有关问题的通知
　　（2013年3月19日人力资源社会保障部发布
　　人社部发〔2013〕24号）　……………………………（79）

人力资源社会保障部办公厅关于印发扩大企业年金基金投资范围和企业年金养老金产品有关问题政策释义的通知

(2014年3月13日人力资源社会保障部办公厅发布 人社厅发〔2014〕35号) …………………………………（91）

关于企业年金 职业年金个人所得税有关问题的通知

(2013年12月6日财政部、人力资源社会保障部、国家税务总局发布 财税〔2013〕103号) ……………（97）

企业年金办法

(2017年12月18日人力资源社会保障部、财政部令第36号发布,自2018年2月1日起施行)

第一章 总 则

第一条 为建立多层次的养老保险制度,推动企业年金发展,更好地保障职工退休后的生活,根据《中华人民共和国劳动法》《中华人民共和国劳动合同法》《中华人民共和国社会保险法》《中华人民共和国信托法》和国务院有关规定,制定本办法。

第二条 本办法所称企业年金,是指企业及其职工在依法参加基本养老保险的基础上,自主建立的补充养老保险制度。国家鼓励企业建立企业年金。建立企业年金,应当按照本办法执行。

第三条 企业年金所需费用由企业和职工个人共同缴纳。企业年金基金实行完全积累,为每个参加企业年金的职工建立个人账户,按照国家有关规定投资运营。企业年金基金投资运营收益并入企业年金基金。

第四条 企业年金有关税收和财务管理,按照国家有关规定执行。

第五条 企业和职工建立企业年金,应当确定企业年金受托人，由企业代表委托人与受托人签订受托管理合同。受托人可以是符合国家规定的法人受托机构，也可以是企业按照国家有关规定成立的企业年金理事会。

第二章 企业年金方案的订立、变更和终止

第六条 企业和职工建立企业年金，应当依法参加基本养老保险并履行缴费义务，企业具有相应的经济负担能力。

第七条 建立企业年金，企业应当与职工一方通过集体协商确定，并制定企业年金方案。企业年金方案应当提交职工代表大会或者全体职工讨论通过。

第八条 企业年金方案应当包括以下内容：

（一）参加人员；
（二）资金筹集与分配的比例和办法；
（三）账户管理；
（四）权益归属；
（五）基金管理；
（六）待遇计发和支付方式；
（七）方案的变更和终止；
（八）组织管理和监督方式；
（九）双方约定的其他事项。

企业年金方案适用于企业试用期满的职工。

第九条 企业应当将企业年金方案报送所在地县级以上人民政府人力资源社会保障行政部门。

中央所属企业的企业年金方案报送人力资源社会保障部。

跨省企业的企业年金方案报送其总部所在地省级人民政府人力资源社会保障行政部门。

省内跨地区企业的企业年金方案报送其总部所在地设区的市级以上人民政府人力资源社会保障行政部门。

第十条 人力资源社会保障行政部门自收到企业年金方案文本之日起15日内未提出异议的，企业年金方案即行生效。

第十一条 企业与职工一方可以根据本企业情况，按照国家政策规定，经协商一致，变更企业年金方案。变更后的企业年金方案应当经职工代表大会或者全体职工讨论通过，并重新报送人力资源社会保障行政部门。

第十二条 有下列情形之一的，企业年金方案终止：

（一）企业因依法解散、被依法撤销或者被依法宣告破产等原因，致使企业年金方案无法履行的；

（二）因不可抗力等原因致使企业年金方案无法履行的；

（三）企业年金方案约定的其他终止条件出现的。

第十三条 企业应当在企业年金方案变更或者终止后10日内报告人力资源社会保障行政部门，并通知受托人。企业应当在企业年金方案终止后，按国家有关规定对企业年金基金进行清算，并按照本办法第四章相关规定处理。

第三章　企业年金基金筹集

第十四条 企业年金基金由下列各项组成：

（一）企业缴费；

（二）职工个人缴费；

（三）企业年金基金投资运营收益。

第十五条 企业缴费每年不超过本企业职工工资总额的8%。企业和职工个人缴费合计不超过本企业职工工资总额的12%。具体所需费用，由企业和职工一方协商确定。

职工个人缴费由企业从职工个人工资中代扣代缴。

第十六条 实行企业年金后,企业如遇到经营亏损、重组并购等当期不能继续缴费的情况,经与职工一方协商,可以中止缴费。不能继续缴费的情况消失后,企业和职工恢复缴费,并可以根据本企业实际情况,按照中止缴费时的企业年金方案予以补缴。补缴的年限和金额不得超过实际中止缴费的年限和金额。

第四章 账户管理

第十七条 企业缴费应当按照企业年金方案确定的比例和办法计入职工企业年金个人账户,职工个人缴费计入本人企业年金个人账户。

第十八条 企业应当合理确定本单位当期缴费计入职工企业年金个人账户的最高额与平均额的差距。企业当期缴费计入职工企业年金个人账户的最高额与平均额不得超过5倍。

第十九条 职工企业年金个人账户中个人缴费及其投资收益自始归属于职工个人。

职工企业年金个人账户中企业缴费及其投资收益,企业可以与职工一方约定其自始归属于职工个人,也可以约定随着职工在本企业工作年限的增加逐步归属于职工个人,完全归属于职工个人的期限最长不超过8年。

第二十条 有下列情形之一的,职工企业年金个人账户中企业缴费及其投资收益完全归属于职工个人:

(一)职工达到法定退休年龄、完全丧失劳动能力或者死亡的;

(二)有本办法第十二条规定的企业年金方案终止情形之一的;

（三）非因职工过错企业解除劳动合同的，或者因企业违反法律规定职工解除劳动合同的；

（四）劳动合同期满，由于企业原因不再续订劳动合同的；

（五）企业年金方案约定的其他情形。

第二十一条 企业年金暂时未分配至职工企业年金个人账户的企业缴费及其投资收益，以及职工企业年金个人账户中未归属于职工个人的企业缴费及其投资收益，计入企业年金企业账户。

企业年金企业账户中的企业缴费及其投资收益应当按照企业年金方案确定的比例和办法计入职工企业年金个人账户。

第二十二条 职工变动工作单位时，新就业单位已经建立企业年金或者职业年金的，原企业年金个人账户权益应当随同转入新就业单位企业年金或者职业年金。

职工新就业单位没有建立企业年金或者职业年金的，或者职工升学、参军、失业期间，原企业年金个人账户可以暂时由原管理机构继续管理，也可以由法人受托机构发起的集合计划设置的保留账户暂时管理；原受托人是企业年金理事会的，由企业与职工协商选择法人受托机构管理。

第二十三条 企业年金方案终止后，职工原企业年金个人账户由法人受托机构发起的集合计划设置的保留账户暂时管理；原受托人是企业年金理事会的，由企业与职工一方协商选择法人受托机构管理。

第五章 企业年金待遇

第二十四条 符合下列条件之一的，可以领取企业年金：

（一）职工在达到国家规定的退休年龄或者完全丧失劳动能力时，可以从本人企业年金个人账户中按月、分次或者一次性领

取企业年金,也可以将本人企业年金个人账户资金全部或者部分购买商业养老保险产品,依据保险合同领取待遇并享受相应的继承权;

(二)出国(境)定居人员的企业年金个人账户资金,可以根据本人要求一次性支付给本人;

(三)职工或者退休人员死亡后,其企业年金个人账户余额可以继承。

第二十五条 未达到上述企业年金领取条件之一的,不得从企业年金个人账户中提前提取资金。

第六章 管理监督

第二十六条 企业成立企业年金理事会作为受托人的,企业年金理事会应当由企业和职工代表组成,也可以聘请企业以外的专业人员参加,其中职工代表应不少于三分之一。

企业年金理事会除管理本企业的企业年金事务之外,不得从事其他任何形式的营业性活动。

第二十七条 受托人应当委托具有企业年金管理资格的账户管理人、投资管理人和托管人,负责企业年金基金的账户管理、投资运营和托管。

第二十八条 企业年金基金应当与委托人、受托人、账户管理人、投资管理人、托管人和其他为企业年金基金管理提供服务的自然人、法人或者其他组织的自有资产或者其他资产分开管理,不得挪作其他用途。

企业年金基金管理应当执行国家有关规定。

第二十九条 县级以上人民政府人力资源社会保障行政部门负责对本办法的执行情况进行监督检查。对违反本办法的,由人力资源社会保障行政部门予以警告,责令改正。

第三十条 因订立或者履行企业年金方案发生争议的,按照国家有关集体合同的规定执行。

因履行企业年金基金管理合同发生争议的,当事人可以依法申请仲裁或者提起诉讼。

第七章 附 则

第三十一条 参加企业职工基本养老保险的其他用人单位及其职工建立补充养老保险的,参照本办法执行。

第三十二条 本办法自2018年2月1日起施行。原劳动和社会保障部2004年1月6日发布的《企业年金试行办法》同时废止。

本办法施行之日已经生效的企业年金方案,与本办法规定不一致的,应当在本办法施行之日起1年内变更。

关于进一步做好企业年金方案备案工作的意见

(2014年5月16日人力资源社会保障部发布
人社厅发〔2014〕60号)

各省、自治区、直辖市及新疆生产建设兵团人力资源社会保障厅（局）：

为贯彻落实党的十八届三中全会决定关于加快发展企业年金、构建多层次社会保障体系的要求，推动用人单位按照国家有关规定建立企业年金，解决目前企业年金方案备案工作中存在的格式不统一、重点内容审核要求不一致、缴费证明出具不规范等问题，不断提高企业年金方案备案工作效率和管理水平，现就进一步做好企业年金方案备案工作提出以下意见：

一、统一企业年金方案范本

针对用人单位建立企业年金计划、下属单位加入集团公司企业年金计划等两种情形，分别实施统一的企业年金方案范本（附件1）和企业年金方案实施细则范本（附件2）。各地要指导用人单位按照统一的范本制定企业年金方案（实施细则）。范本的主要内容包括：参加人员、资金筹集与分配、账户管理、权益归属、基金管理、待遇计发和支付方式、方案的调整和终止、组织管理和监督。

用人单位企业年金方案（实施细则）重要条款发生变更的，要修订企业年金方案（实施细则）并重新备案。重要条款变更主要是指用人单位名称、职工参加条件、缴费及分配、权益归属、待遇领取方式等内容发生变化。

二、规范企业年金方案备案材料

各地要指导用人单位按照企业年金备案所需材料（附件3）的要求准备相应的备案材料，并按照规定的期限进行备案。企业年金备案所需材料，是根据用人单位建立企业年金计划、下属单位加入集团公司企业年金计划、企业年金方案（实施细则）重要条款变更、终止企业年金计划等四种情形，分别提出的具体内容要求。

三、明确企业年金方案备案地

各地要按照以下要求确定用人单位企业年金方案的备案地：中央所属大型企业在人力资源社会保障部备案，其他跨省（自治区、直辖市）用人单位在总部所在地省级人力资源社会保障部门备案，省（自治区、直辖市）内跨地区用人单位在总部所在地地市级以上人力资源社会保障部门备案。

用人单位为集团公司的，其下属单位加入集团公司企业年金计划、企业年金方案（实施细则）重要条款变更等，由集团公司在原备案地人力资源社会保障部门备案。

四、把握企业年金方案审核要点

（一）参加人数。参加企业年金职工人数以及占本单位职工总数的比例，比例偏低的应由用人单位作出说明；集团公司下属单位可分批参加集团公司企业年金计划。

（二）用人单位和个人缴费。用人单位和个人的缴费基数及缴费比例；暂停缴费、恢复缴费和补缴的规定；用人单位建立企业年金的时间，不应早于参加企业职工基本养老保险的时间。

（三）用人单位缴费的分配。用人单位缴费划入职工个人账户的分配办法，用人单位可适当向关键岗位和优秀人才等倾斜，但差距不宜过大；企业账户余额的分配方式，应经过集体协商。

（四）待遇的归属和领取。用人单位缴费划入职工个人账户的部分完全归属职工个人的归属期；企业年金的领取条件和方式。

（五）方案调整和终止。企业年金方案（实施细则）调整或终止的规定；对终止的程序、企业账户未归属权益分配、个人账户转移和保留等事宜的规定。

五、规范出具基本养老保险缴费证明

各级社会保险经办机构应在接到用人单位申请出具缴费证明之日起 10 个工作日内，按照规范的样式（附件 5）出具基本养老保险缴费证明；要及时公开经办人姓名、联系方式、受理时间等信息，方便用人单位办理基本养老保险缴费证明。

跨地区用人单位建立企业年金的，其下属单位基本养老保险缴费证明由参保缴费地的社会保险经办机构分别出具。

六、加大企业年金方案备案工作指导力度

各地要高度重视，切实把规范企业年金方案备案工作作为促进企业年金健康发展的重要内容来抓，增强工作的主动性和针对性，加强沟通协调；要通过各类媒体或网络平台等解读企业年金政策，普及建立企业年金的方法和程序，使广大用人单位及其职工了解相关政策和办理流程，引导符合条件的用人单位逐步建立企业年金；要改进工作作风，组织业务培训，不断提高各级管理和经办人员的业务水平；要充分运用网络等形式开展企业年金方案备案工作，鼓励创新工作方式；要结合本地区实际，强化逐级指导，明确要求，落实责任，共同做好企业年金方案备案工作。

七、建立健全企业年金方案备案工作廉政风险防控机制

各地要按照《社会保险工作人员纪律规定》（人社部发〔2012〕99号）要求，建立企业年金方案备案工作风险防控机制，针对企业年金方案备案过程中的风险点，制定有效措施，明确相关责任，杜绝腐败行为。同时，加强廉政教育，做好廉政风险防控工作，树立社会保险工作人员良好形象。

各地要及时掌握本地区企业年金方案备案工作情况，遇到新情况、新问题，要加强研究分析，及时沟通汇报，并于每年1月31日前将上年度工作情况报送人力资源社会保障部养老保险司。

附件：

1. （××单位）企业年金方案（范本）
2. （××单位）企业年金方案实施细则（范本）（2018年版）
3. 企业年金方案备案所需材料
4. （××单位）企业年金方案基本情况简表（样式）
5. 基本养老保险参保缴费证明（样式）

附件 1

__(××单位)__ 企业年金方案
(范本)

__(××单位并盖章)__

企业首席代表　　　　　　　　职工首席代表
签章：　　　　　　　　　　　　签章：
日期：　　　　　　　　　　　　日期：

目　　录

释义

第一章　总则

第二章　参加人员

第三章　资金筹集与分配

第四章　账户管理

第五章　权益归属

第六章　基金管理

第七章　待遇计发和支付方式

第八章　方案的调整和终止

第九章　组织管理和监督

第十章　附则

附件①：职工参加企业年金申请表

附件②：职工暂停（恢复）企业年金缴费申请表

释　义

企业年金：指已参加企业职工基本养老保险的单位及其职工，为更好保障职工退休后的生活而建立的补充养老保险制度。

委托人：指建立企业年金计划的单位及其职工。

受益人：参加企业年金计划的职工及其他享有企业年金计划受益权的自然人。

受托人：指受托管理本单位企业年金基金的符合国家规定的法人受托机构或企业年金理事会。

账户管理人：指接受受托人委托管理企业年金基金账户的专业机构。

托管人：指接受受托人委托保管企业年金基金财产的商业银行。

投资管理人：指接受受托人委托投资管理企业年金基金财产的专业机构。

个人账户：指以职工个人名义开立的账户，用于记录分配给职工个人的单位缴费、职工个人缴费及其投资收益。

企业账户：指以单位名义开立的账户，用于记录暂时未分配至职工个人账户的单位缴费及其投资收益。

第一章　总　　则

第一条　为保障和提高职工退休后的待遇水平，调动职工的劳动积极性，建立人才长效激励机制，增强单位的凝聚力，促进单位健康持续发展，根据《中华人民共和国劳动法》（中华人民共和国主席令第28号）、《集体合同规定》（劳动和社会保障部令第22号）、《企业年金试行办法》（劳动和社会保障部令第20

号）、《企业年金基金管理办法》（人力资源和社会保障部令第11号）、_____等法律、法规及政策，××单位决定建立企业年金计划（以下简称本计划），并结合实际情况，制定企业年金方案（以下简称本方案）。

第二条 建立企业年金遵循的原则

（一）有利于单位发展。通过建立企业年金增强单位的凝聚力和吸引力，激励职工长期稳定地工作，促进单位与职工共同发展；

（二）公平与效率相结合。企业年金应覆盖大多数职工，对不同类别的职工可以在单位缴费分配上区别对待，但差距不宜过大，在体现公平、普惠的同时兼顾效率；

（三）自愿平等协商。单位及其职工通过集体协商确定建立企业年金并制定企业年金方案，职工自愿选择是否参加；

（四）保障安全、适度收益。企业年金基金的管理严格按照国家有关规定执行，按照规定的投资范围进行投资运作，在保障安全的前提下获取适度收益；

（五）适时调整原则。企业年金发展水平应与单位的经营状况相适应，在符合国家相关规定的前提下，根据单位经营状况的变化适时调整企业年金方案。

第三条 单位建立企业年金的基本条件[①]

（一）依法参加企业职工基本养老保险并履行缴费义务；

（二）单位与工会或者职工代表通过集体协商确定建立企业年金；

（三）其他条件：_____。

---

① 集团公司可根据自身情况增加下属单位建立企业年金需要满足的其他条件。

第四条 实施范围①

本方案适用于××单位所属_____单位（以下统称本单位）。

第二章 参 加 人 员

第五条 职工参加本方案的条件②

（一）依法参加企业职工基本养老保险并履行缴费义务；

（二）其他条件：_____。

第六条 职工参加本方案的程序

符合上述参加条件的职工填写《职工参加企业年金申请表》（附件①），经本单位审核通过后参加本方案。在本方案实施后加入本单位的新职工，可在满足上述参加条件的（□本月、□次月）起参加本方案。

第七条 职工退出本方案的条件

（一）职工与本单位终止或解除劳动合同；

（二）职工达到本方案规定的企业年金待遇领取条件；

（三）其他：_____。

第八条 职工退出本方案的程序

职工达到上述退出条件后自动退出本方案，单位停止其企业年金缴费，按照本方案第十八条处理其个人账户或按照本方案第二十九条支付企业年金待遇。

第九条 职工的权利和义务

---

① 集团公司企业年金方案可适用于所有或部分下属单位，非集团型企业可删除本条。

② 参加企业年金职工人数原则上应占本单位职工总数的大多数，集团公司下属单位可分批参加集团企业年金计划。参加计划职工比例偏低的应书面说明原因。

（一）职工的权利

1. 职工对个人账户信息拥有知情权；

2. 在满足本方案规定的权益归属条件后，职工对个人账户中已经归属的权益拥有所有权；

3. 在满足本方案规定的领取条件后，职工享有领取企业年金待遇的权利；

4. 由于个人原因，职工可以申请暂停缴费；暂停缴费后，职工可根据个人情况申请恢复缴费。

（二）职工的义务

1. 授权本单位根据本方案规定从职工工资中代扣代缴个人缴费；

2. 授权本单位和本计划管理机构按国家有关规定代扣代缴个人所得税；

3. 授权××单位[①]选择受托人并签订受托管理合同；

4. 授权本单位代表职工对企业年金计划进行管理监督；

5. 当个人基本信息发生变动时，须在七个工作日之内向本单位提供变动情况。

第三章　资金筹集与分配

第十条　企业年金所需费用由单位和职工共同承担。单位缴费的列支渠道按照国家有关规定执行；职工个人缴费由单位从职工工资中代扣代缴。

---

① 代表职工与受托人签订受托管理合同的单位。

第十一条　单位缴费及分配①

单位缴费按方式____缴纳：

方式1：单位缴费为职工个人缴费基数的____%，职工个人（□月、□季度、□年度）缴费基数为_____。单位缴费总额为单位为参加计划职工缴费的合计金额；

方式2：单位年缴费总额为上年度工资总额的____%，按照职工个人缴费基数全额、等比例分配至职工个人账户，职工个人（□月、□季度、□年度）缴费基数为_____；

方式3：单位年缴费总额为上年度工资总额的____%，按照职工个人缴费基数的____%分配至职工个人账户，职工个人（□月、□季度、□年度）缴费基数为_____，剩余部分计入企业账户，用于对本计划建立时临近退休职工的补偿性缴费。补偿范围为：_____，补偿缴费分配办法为：_____，补偿缴费划入职工个人账户的方式为：_____。补偿结束后，单位应根据实际情况调整单位缴费分配办法，履行本方案第三十三条规定程序后实施；

方式4：单位年缴费总额为上年度工资总额的____%，按照职工个人缴费基数的____%分配至职工个人账户，职工个人（□月、□季度、□年度）缴费基数为_____，剩余部分计入企业账户；

方式5②：单位年缴费总额不超过上年度工资总额的____%。

---

① 内容包括但不限于单位缴费总额、当期划入职工个人账户的比例、企业账户留存比例。如果设置补偿机制，还需明确补偿缴费留存比例、补偿缴费分配办法、补偿缴费划入职工个人账户的方式。

② 集团公司企业年金方案中，单位缴费比例可以为范围，单位缴费分配办法也可仅作原则性要求，由各下属单位在实施细则中明确具体比例和单位缴费分配办法，但每年缴费不得超过上年度职工工资总额的十二分之一。

下属单位可根据实际情况，在实施细则中明确具体缴费比例及分配办法；

方式6：(其他方式)。

第十二条 企业账户余额的分配办法可通过集体协商另行制定，并经民主程序审议通过后实施，但不得用于抵缴未来年度单位缴费。

第十三条 个人缴费①

个人缴费按方式____缴纳：

方式1：职工个人缴费为职工个人缴费基数的____%；

方式2：职工个人缴费为单位为其缴费的____%；

方式3：(其他方式)。

第十四条 单位按(□月、□季度、□年度)将全部缴费款项按时、足额汇至托管人开立的企业年金基金受托财产托管专户。

第十五条 企业年金缴费的暂停、恢复和补缴

(一) 单位出现亏损、停业等特殊情况无法履行缴费义务时，可暂停缴费，职工同时暂停缴费；单位情况好转后恢复缴费，职工同时恢复缴费。因单位原因暂停缴费的，恢复缴费后单位可以视经济情况予以补缴，职工个人(□补缴、□不补缴)暂停缴费期间个人缴费。补缴年限不得超过实际暂停缴费年限；

(二) 职工个人可以申请暂停或恢复缴费。申请暂停缴费的条件是_____，恢复缴费的条件是_____，同时填写《职工暂停(恢复)缴费企业年金申请表》(附件②)，并经本单位确认后执行。个人暂停缴费期间，单位缴费也相应暂停，个

---

① 集团公司企业年金方案中，个人缴费比例可以为范围，由各下属单位在实施细则中明确具体比例。

人账户继续在本计划中管理；个人恢复缴费时单位缴费也同时恢复；不弥补暂停缴费期间的单位和个人缴费。

第四章 账户管理

第十六条 本计划实行完全积累制度，采用个人账户方式进行管理，为参加职工开立个人账户，同时建立企业账户用于记录暂未分配至个人账户的单位缴费及其投资收益。

第十七条 个人账户下设单位缴费子账户和个人缴费子账户，分别记录单位缴费分配给职工个人的部分及其投资收益、职工个人缴费及其投资收益。

第十八条 个人账户的转移和保留

职工与本单位终止、解除劳动合同的，其个人账户转移或保留。

（一）职工与本单位终止、解除劳动合同，新就业单位已建立企业年金或职业年金的，其个人账户应当转入新就业单位的企业年金计划或职业年金计划管理；

（二）职工与本单位终止、解除劳动合同，未就业、新就业单位没有建立企业年金或职业年金的，其个人账户按方式____处理：

方式1：转入本计划法人受托机构发起的集合计划设置的保留账户统一管理。保留账户的账户管理费从职工个人账户中扣除；

方式2：作为保留账户在本计划中继续管理。保留账户的账户管理费（□由本单位负担、□从职工个人账户中扣除）；

方式3：（理事会受托管理的企业年金计划）转入由本单位与职工协商选定的法人受托机构发起的集合计划设置的保留账户

统一管理。保留账户的账户管理费从职工个人账户中扣除;

方式4:(其他方式)。

(三) 在集团公司①内部调动新单位未实行企业年金制度的,其个人账户作为保留账户由原单位继续管理。保留账户的账户管理费(□由原单位负担、□从职工个人账户中扣除)。

第十九条 满足下列条件之一时,个人账户注销:

(一) 职工领取完其个人账户资金;

(二) 职工身故,其个人账户余额由指定受益人或法定继承人全部领取完毕;

(三) 个人账户转移至新单位的企业年金计划或职业年金计划。

第五章 权 益 归 属

第二十条 职工个人缴费部分及其投资运营收益全部归属职工个人。

第二十一条 单位缴费部分权益归属规则②

单位缴费划入个人账户部分形成的权益,按以下规则归属于职工个人,未归属于职工个人的部分,划入企业账户。

权益归属核算时点	N	归属比例
职工与本单位终止、解除劳动合同	N<___年	××%
	___年≤N<___年	××%
	…	…
	N≥___年	××%

---

① 非集团公司和将内部调动视同外部调动的集团公司删除本款。

② 集团公司可对归属条件、归属比例、最长归属期等权益归属规则中的要素进行原则性规定,具体归属规则由下属单位在实施细则中确定。

续表

权益归属核算时点	N	归属比例
退休或在职身故	——	××%
（其他特殊情况）①	——	××%

备注：
1. N是指在（本单位的工作年限、参加本方案的年限）②。
2. （其他需要说明的事项）。

第二十二条 补偿缴费归属规则③

补偿缴费按照方式____归属。

方式1：职工退休前归属比例为0%，退休后100%归属；

方式2：与单位正常缴费归属规则一致；

方式3：（其他方式）。

第六章 基金管理

第二十三条 企业年金基金由单位缴费、职工个人缴费和投资收益组成。

第二十四条 本计划采取（□理事会受托、□法人受托）管理模式。本方案所归集的企业年金基金由××单位④委托受托人进行受托管理并签署企业年金基金受托管理合同。由企业年金基金受托人委托具备企业年金管理资格的托管人、账户管理人、投

---

① 用人单位可列明其他特殊情况的归属比例，例如由于用人单位原因解除劳动合同或劳动合同不续签造成职工离职时，归属比例为100%；集团公司内部调动时，归属比例为100%。

② 用人单位可以自行确定个人账户中单位缴费累计权益的归属条件，例如在本单位的工作年限、参加本方案的年限或其他条件。

③ 未设置补偿缴费的用人单位，删除本条。

④ 代表职工与受托人签订受托管理合同的单位。

资管理人提供统一的相关服务。

第二十五条 企业年金基金的投资收益,根据企业年金基金单位净值,按周或者日足额分别计入个人账户和企业账户。

第二十六条 企业年金基金管理运营的所需费用,按照国家有关法律法规及企业年金基金管理合同中的相关条款确定。其中正常账户的账户管理费由本单位缴纳,保留账户管理费按本细则第十八条规定执行,退休职工个人账户的账户管理费由(□个人、□单位)负担,其他费用由本单位和个人共同承担,从企业年金基金中扣除。

第二十七条 企业年金基金实行专户管理,与委托人、受托人、账户管理人、投资管理人和托管人的自有资产或其他资产分开管理,分别记账,不得挪作他用。

第七章 待遇计发和支付方式

第二十八条 本方案参加职工符合下列条件之一时,可以享受本方案规定的企业年金待遇:

(一)达到国家规定的退休年龄;

(二)未达到国家规定退休年龄时,经劳动能力鉴定委员会鉴定,因病(残)完全丧失劳动能力办理病退;

(三)退休前身故;

(四)出国(境)定居。

第二十九条 企业年金的支付方式

职工达到本方案第二十八条规定的企业年金待遇领取条件后,可根据个人账户余额、个人所得税税负等情况选择一次性或分期领取企业年金待遇。

第三十条 受益人的指定和修改

职工参加本方案时，应在申请表中以书面形式指定受益人作为本人身故后企业年金个人账户已归属权益的继承人。本方案参加人可以提出书面申请修改指定受益人。

第八章　方案的调整和终止

第三十一条　本单位有权根据国家政策法规和实际情况的变化，经集体协商对本方案进行调整。

第三十二条　出现下列情况之一，可对本方案进行调整：

（一）国家相关政策法规发生重大变化；

（二）单位的经营状况出现重大变化；

（三）其他：_____。

第三十三条　调整本方案的程序

（一）本单位企业年金经办部门提出企业年金方案调整方案；

（二）调整方案经集体协商讨论通过；

（三）报送人力资源和社会保障部门备案①；

（四）通知方案参加职工及受托人。

第三十四条　出现下列情况之一时，本方案可以终止：

（一）本单位发生依法解散、被依法撤销或者被依法宣告破产等情况；

（二）国家有关政策法规发生重大变化，导致本方案无法继续实施；

（三）其他：_____。

---

① 中央所属大型企业在人力资源社会保障部备案，其他跨省用人单位在总部所在地省级人力资源社会保障部门备案，省内跨地区用人单位在总部所在地地市级以上人力资源社会保障部门备案。

第三十五条 终止本方案的程序

（一）制定终止企业年金计划方案。方案内容应包括终止原因、企业账户和个人账户处理办法等；

（二）经集体协商讨论通过；

（三）报送人力资源和社会保障部门备案；

（四）由受托人组织清算组对企业年金基金财产进行清算，对所有个人账户权益进行全部归属，并按照集体协商讨论通过的处理办法进行企业账户未归属权益分配；

（五）对所有个人账户进行保留或者转移。如果方案参加职工未能提出转移书面申请，作保留处理。保留后的账户管理费从个人账户中扣除；

（六）通知本方案参加职工及受托人。

第九章 组织管理和监督

第三十六条 本单位的企业年金基金管理接受人力资源社会保障部门等国家相关部门的监督检查。本单位依照国家相关法律、法规对受托人进行监督。

第三十七条 在接受国家相关部门监督的基础上，由本单位的纪检、工会和审计部门对本企业年金计划的运作管理进行内部监督。

第十章 附 则

第三十八条 本方案自××年×月×日起开始实施。

第三十九条 因订立或者履行企业年金方案发生争议的，根据《集体合同规定》处理。

第四十条 因履行企业年金基金管理合同发生争议的，可以通过调解和民事诉讼处理。

第四十一条 本方案涉及的相关财税问题，按照国家相关规定执行。

第四十二条 本单位拥有对本方案的最终解释权。

附件①：

职工参加企业年金申请表

申请人姓名	
申请人身份证号码	
受益人姓名	
受益人身份证号码	
\multicolumn{2}{c}{**参加企业年金的申请**}	

\multicolumn{2}{l}{**参加企业年金的申请**}	
\multicolumn{2}{l}{本人已参加基本养老保险并履行缴费义务；}	
\multicolumn{2}{l}{本人已认真阅读并同意接受《××单位企业年金方案》；}	
\multicolumn{2}{l}{　本人经慎重考虑，自愿申请（□加入、□不加入）××单位企业年金计划，并愿意承担由此带来的一切投资风险；}	
\multicolumn{2}{l}{本人承诺遵守××单位企业年金方案的有关规定，并授权××单位：}	
\multicolumn{2}{l}{1. 从本人工资中代扣代缴职工个人缴费；}	
\multicolumn{2}{l}{2. 按照国家有关税收政策代扣代缴个人所得税。}	
\multicolumn{2}{r}{申请人：　　　　　　　　　　年　　月　　日}	
单位意见	经审核，该职工符合参加企业年金的条件，同意其参加企业年金计划。 　　　　　　　　　　　　　　签字（盖章）： 　　　　　　　　　　　　　　　　年　　月　　日

附件②:

职工暂停(恢复)企业年金缴费申请表

申请人姓名	
身份证号码	

暂停企业年金缴费的申请
本人经慎重考虑,自愿申请暂停企业年金缴费,并愿意承担由此带来的损失。暂停缴费期间为: □___年___月___日至___年___月___日; □至本人申请恢复缴费为止; □至退出本企业年金计划为止。 　　　　　　　　　　　　　　　　　　　　　　申请人: 　　　　　　　　　　　　　　　　　　　　　　　年　月　日

恢复企业年金缴费的申请
本人申请自___年___月___日起恢复企业年金缴费。 　　　　　　　　　　　　　　　　　　　　　　申请人: 　　　　　　　　　　　　　　　　　　　　　　　年　月　日

单位意见	经审核,同意该职工暂停企业年金缴费。 　　　　　　　　　　　　　　　　签字(盖章): 　　　　　　　　　　　　　　　　　年　月　日
	经审核,同意该职工恢复企业年金缴费。 　　　　　　　　　　　　　　　　签字(盖章): 　　　　　　　　　　　　　　　　　年　月　日

附件2

___(××单位)___ 企业年金方案实施细则
(范本)(2018年版)

___(××单位并盖章)___

企业首席代表　　　　　　　　职工首席代表
签章：　　　　　　　　　　　签章：
日期：　　　　　　　　　　　日期：

目　　录

释义

第一章　总则

第二章　参加人员

第三章　资金筹集与分配

第四章　账户管理

第五章　权益归属

第六章　基金管理

第七章　待遇计发和支付方式

第八章　方案的变更和终止

第九章　组织管理和监督

第十章　附则

附件①：职工放弃参加企业年金声明

附件②：职工参加企业年金申请表

附件③：职工中止（恢复）企业年金缴费申请表

释　义

企业年金：指企业（包括其他已经参加企业职工基本养老保险的用人单位）及其职工在依法参加基本养老保险的基础上，自主建立的补充养老保险制度。

委托人：指建立企业年金计划的用人单位及其职工。

受益人：参加企业年金计划的职工及其他享有企业年金计划受益权的自然人。

受托人：指受托管理本单位企业年金基金的符合国家规定的法人受托机构或者企业年金理事会。

账户管理人：指接受受托人委托管理企业年金基金账户的专业机构。

托管人：指接受受托人委托保管企业年金基金财产的商业银行。

投资管理人：指接受受托人委托投资管理企业年金基金财产的专业机构。

个人账户：指以职工个人名义开立的账户，用于记录分配给职工个人的单位缴费及其投资收益，以及本人缴费及其投资收益。

企业账户：指在企业年金基金中，以单位名义开立的账户，用于记录暂时未分配至职工个人账户的单位缴费及其投资收益。

第一章　总　则

第一条　为保障和提高职工退休后的待遇水平，调动职工的劳动积极性，建立人才长效激励机制，增强单位的凝聚力，促进单位健康持续发展，根据《中华人民共和国劳动法》（中华人民共和国主席令第 28 号)、《集体合同规定》(劳动和社会保障部令第 22 号)、《企业年金办法》(人力资源和社会保障部令第 36 号)、《企业年金基金管理办法》(人力资源和社会保障部令第 11 号)、＿＿＿＿＿＿＿＿等法律、法规及规章，××单位决定建立企业年金，并结合实际情况，制定企业年金方案（以下简称本方案)①。

第二条　建立企业年金遵循的原则：

（一）有利于单位发展。通过建立企业年金增强单位的凝聚力和吸引力，激励职工长期稳定地工作，促进单位与职工共同发展；

（二）公平与效率相结合。企业年金应覆盖符合条件的职工。单位缴费分配在体现公平的同时兼顾效率；

（三）平等协商。单位及其职工按照国家相关规定，通过集体协商确定建立企业年金并制定企业年金方案；

（四）保障安全、适度收益。企业年金基金的管理严格按照国家有关规定执行，按照规定的投资范围进行投资运作，在保障安全的前提下获取适度收益；

（五）适时变更原则。按照国家政策变化，结合单位经营状况和企业年金运行情况，适时变更企业年金方案。

第三条　单位建立企业年金的基本条件②

（一）依法参加企业职工基本养老保险并履行缴费义务；

（二）单位与工会或者职工代表通过集体协商确定建立企

---

① 制定企业年金方案实施细则的表述为：××单位（以下简称本单位）决定参加××单位企业年金计划（以下简称本计划），在《××单位企业年金方案》框架下，结合实际情况，制定本单位企业年金方案实施细则（以下简称本细则）。

② 集团公司可根据自身情况增加下属单位建立企业年金需要满足的其他条件。

年金；

（三）其他条件：_____。

第四条 实施范围①

本方案适用于××单位所属_____单位（以下统称本单位）。

第二章　参加人员

第五条　职工参加本方案的条件。

（一）与本单位订立劳动合同并试用期满；

（二）依法参加企业职工基本养老保险并履行缴费义务；

（三）其他条件：_____。

第六条　职工参加本方案的程序

符合上述参加条件的职工，从符合条件的次月起自动加入本方案。

符合条件但不同意加入本方案的职工，应在符合条件后的下一次发薪日前提交书面《职工放弃参加企业年金声明》（附件①），经单位备案后不加入本方案。

放弃加入的职工申请加入本企业年金方案，需填写《职工参加企业年金申请表》（附件②），经单位审核同意后加入企业年金方案。

第七条　职工退出本方案的条件

（一）职工与本单位终止或者解除劳动合同；

（二）职工达到本方案规定的企业年金待遇领取条件；

（三）其他：_____。

---

① 集团公司企业年金方案可适用于所有或者部分下属单位，非集团型企业可删除本条。

第八条 职工退出本方案的程序

职工达到第七条退出条件后，单位停止其企业年金缴费，按照本方案第十九条处理其个人账户或者按照本方案第三十条支付企业年金待遇。

第九条 职工的权利和义务

（一）职工的权利

1. 根据法律法规规定及本方案约定，了解、查询企业年金基金个人账户基本情况；

2. 在满足本方案规定的权益归属条件后，职工对个人账户中已经归属的权益拥有所有权；

3. 在满足本方案规定的领取条件后，职工享有领取企业年金待遇的权利；

4. 由于自身原因，职工可以申请本人中止缴费；原因消失后，可以申请恢复缴费；

5. 职工与本单位终止、解除劳动合同的，其个人账户转移或者保留按照本方案第十九条规定处理。

（二）职工的义务

1. 授权本单位根据本方案规定从职工工资中代扣代缴个人缴费；

2. 授权本单位和本计划管理机构按国家有关规定代扣代缴个人所得税；

3. 授权××单位[①]选择受托人并签订受托管理合同；

4. 授权本单位代表职工对企业年金计划进行管理监督；

5. 提供个人相关基本信息。当相关基本信息发生变动时，

---

① 代表职工与受托人签订受托管理合同的单位。

及时向本单位提供变动情况。

第三章　资金筹集与分配

第十条　企业年金所需费用由单位和职工共同承担。单位缴费的列支渠道按照国家有关规定执行；职工个人缴费由单位从职工工资中代扣代缴。

第十一条　个人缴费①

方式1：职工个人缴费为本人缴费基数的____%，职工个人缴费基数为_____；

方式2：职工个人缴费为单位为其缴费的____%；

方式3：(其他方式)。

第十二条　单位缴费及分配

方式1：单位缴费分配至职工个人账户的金额为职工个人缴费基数的____%，单位缴费总额为单位为参加计划职工缴费的合计金额。经测算，方案实施第一年企业缴费为工资总额的____%；

方式2：单位年缴费总额为年度工资总额的____%，按照参加计划职工个人缴费基数的____%分配至职工个人账户，剩余部分计入企业账户；

方式3：单位年缴费总额为年度工资总额的____%，按照职工个人缴费基数的____%分配至职工个人账户，剩余部分计入企业账户，作为对本计划建立时临近退休职工的补偿性缴费。

补偿范围为：_____。

补偿缴费分配办法为：_____。

---

① 集团公司企业年金方案中，个人缴费比例可以为范围，由各下属单位在实施细则中明确具体比例。

补偿缴费划入职工个人账户的方式为：＿＿＿＿＿＿＿＿。

补偿结束后，单位调整单位缴费分配办法，履行本方案第三十三条规定程序后实施。

列入补偿范围的职工，根据组织安排在集团内部单位调动的，原单位对其个人账户补偿办法为：＿＿＿＿＿＿＿；

方式4[①]：单位年缴费总额不超过年度工资总额的＿＿＿%；下属单位可根据实际情况，在实施细则中明确具体缴费比例及分配办法；

方式5：(其他方式)。

第十三条　单位当期缴费分配至职工个人账户的最高额不得超过平均额的5倍。超过平均额5倍的部分，计入企业账户。

企业账户资金不得用于抵缴未来年度单位缴费。

第十四条　企业账户余额[②]分配至职工企业年金个人账户的方式为：

方式1：企业账户余额÷本单位企业年金个人账户（包括□正常缴费账户、□退休支付账户、□离职保留账户，下同）数量；

方式2：企业账户余额×（个人账户余额÷本单位企业年金基金资产总额）；

方式3：企业账户余额×（最后一次单位缴费划入职工个人账户额÷最后一次单位缴费总额）；

---

① 集团公司企业年金方案中，单位缴费比例可以为范围，单位缴费分配办法也可仅作原则性要求，由各下属单位在实施细则中明确具体比例和单位缴费分配办法，但每年缴费不得超过本企业职工工资总额的8%。

② 指企业账户资金完成补偿以后的剩余资金；如果没有设置补偿，则为企业账户全部资金。

方式4：(其他方式)。

企业账户余额[□每年、□(其他方式)]分配一次，分配差距按照企业当期缴费分配差距规定执行。

第十五条 单位按(□月、□季度、□年度)将全部缴费款项按时、足额汇至托管人开立的企业年金基金受托财产托管账户。

第十六条 企业年金缴费的中止、恢复和补缴

(一) 单位出现经营亏损、重组并购等特殊情况无法履行缴费义务时，经与职工一方协商，可以中止单位缴费，职工同时中止个人缴费。不能继续缴费的情况消失后单位恢复缴费，职工同时恢复个人缴费。恢复缴费后单位和职工可以视经济情况按照中止时的方案内容予以补缴。补缴年限和金额不得超过实际中止缴费的年限和金额；

(二) 职工由于自身原因申请中止或者恢复个人缴费，需填写《职工中止(恢复)企业年金缴费申请表》(附件③)，并经本单位确认后执行。个人中止缴费期间，单位缴费也相应中止，个人账户继续在本计划中管理；个人恢复缴费时单位缴费也同时恢复；不弥补中止缴费期间的单位和个人缴费。

第四章 账户管理

第十七条 本计划实行完全积累，为每一个参加职工开立企业年金个人账户，同时建立企业账户用于记录暂未分配至个人账户的单位缴费及其投资收益。

第十八条 个人账户下设单位缴费子账户和个人缴费子账户，分别记录单位缴费分配给职工个人的部分及其投资收益、职工个人缴费及其投资收益。

第十九条 个人账户的转移和保留

职工与本单位终止、解除劳动合同的,其个人账户转移或者保留。

(一)职工与本单位终止、解除劳动合同,新就业单位已建立企业年金或者职业年金的,其个人账户权益应当转入新就业单位的企业年金计划或者职业年金计划管理;

(二)职工与本单位终止、解除劳动合同,未就业、新就业单位没有建立企业年金或者职业年金的,其个人账户:

方式1:转入本计划法人受托机构发起的集合计划设置的保留账户统一管理。保留账户的账户管理费从职工个人账户中扣除;

方式2:作为保留账户在本计划中继续管理。保留账户的账户管理费(□由本单位负担、□从职工个人账户中扣除);

方式3:(理事会受托管理的企业年金计划)转入由本单位与职工协商选定的法人受托机构发起的集合计划设置的保留账户统一管理。保留账户的账户管理费从职工个人账户中扣除;

方式4:(其他方式)。

(三)在集团公司①内部调动新单位未实行企业年金制度的,其个人账户作为保留账户由原单位继续管理。保留账户的账户管理费(□由原单位负担、□从职工个人账户中扣除)。

第二十条 满足下列条件之一时,个人账户注销:

(一)职工领取完其个人账户资金;

(二)职工身故,其个人账户余额由指定受益人或者法定继承人全部领取完毕;

---

① 非集团公司和将内部调动视同外部调动的集团公司删除本款。

（三）个人账户转移至新单位的企业年金计划或者职业年金计划。

第五章 权益归属

第二十一条 职工企业年金个人账户中个人缴费及其投资收益自始归属职工个人。

第二十二条 职工企业年金个人账户中单位缴费及其投资收益，按以下规则归属于职工个人。未归属于职工个人的部分，计入企业账户。

权益归属核算时点	N	归属比例
职工与本单位解除劳动合同	N<＿＿年	××%
	＿＿年≤N<＿＿年	××%
	…	…
	N≥＿＿年	××%
企业年金方案终止		100%
达到法定退休年龄、完全丧失劳动能力或者死亡		
非因职工过错企业解除劳动合同，或者因企业违反法律规定职工解除劳动合同		
劳动合同期满，由于企业原因不再续签劳动合同		
（其他特殊情况）①	——	

备注：
1. N 是指在本单位的工作年限，不得超过 8（含）；
2. （其他需要说明的事项）。

---

① 用人单位可列明其他特殊情况的归属比例，例如或者集团公司内部调动时，归属比例为 100%。

第二十三条 补偿缴费归属规则①

补偿缴费按照方式____归属。

方式1：职工退休前归属比例为0%，退休后100%归属；

方式2：(其他方式)。

第六章 基 金 管 理

第二十四条 企业年金基金由单位缴费、职工个人缴费和投资收益组成。

第二十五条 本计划采取（□理事会受托、□法人受托）管理模式。本方案所归集的企业年金基金由××单位②委托受托人进行受托管理并签署企业年金基金受托管理合同。由企业年金基金受托人委托具备企业年金管理资格的托管人、账户管理人、投资管理人提供统一的相关服务。

第二十六条 企业年金基金的投资收益，根据企业年金基金单位净值，按周或者按日足额分别计入个人账户和企业账户。

第二十七条 企业年金基金管理运营的所需费用，按照国家有关法律法规及企业年金基金管理合同中的相关条款确定。其中正常账户的账户管理费由本单位缴纳，保留账户管理费按本细则第十九条规定执行，退休职工个人账户的账户管理费由（□个人、□单位）负担，其他费用由本单位和个人共同承担，从企业年金基金中扣除。

第二十八条 企业年金基金实行专户管理，与委托人、受托人、账户管理人、投资管理人和托管人的自有资产或者其他资产

---

① 未设置补偿缴费的用人单位，删除本条。
② 代表职工与受托人签订受托管理合同的单位。

分开管理，分别记账，不得挪作他用。

第七章　待遇计发和支付方式

第二十九条　本方案参加职工符合下列条件之一时，可以享受本方案规定的企业年金待遇：

（一）达到国家规定的退休年龄；

（二）经劳动能力鉴定委员会鉴定，因病（残）完全丧失劳动能力；

（三）出国（境）定居；

（四）退休前身故。

第三十条　企业年金的支付方式

职工达到本方案第二十九条规定的企业年金待遇领取条件后，可根据个人账户余额、个人所得税税负等情况选择按月、分次或者一次性领取企业年金待遇，也可将本人企业年金个人账户资金全部或者部分购买商业养老保险产品，依据保险合同领取待遇并享受相应的继承权。

第三十一条　受益人的指定和修改

职工自动加入企业年金方案时，应指定本人身故后企业年金个人账户已归属权益的受益人，没有指定的，默认法定继承人为受益人。若职工需要变更受益人的，可在加入后书面申请变更。

第八章　方案的变更和终止

第三十二条　本单位根据国家政策变化，以及本单位经营和企业年金运行情况，经集体协商变更本方案。

第三十三条　变更本方案的程序

（一）企业和职工一方按照《集体合同规定》，经集体协商形成新的企业年金方案；

（二）新的企业年金方案经民主程序讨论通过；

（三）报送人力资源和社会保障部门备案[①]；

（四）通知方案参加职工及受托人。

第三十四条 出现下列情况之一时，本方案终止：

（一）本单位因依法解散、被依法撤销或者被依法宣告破产等原因，致使企业年金方案无法履行的；

（二）因不可抗力等原因致使企业年金方案无法履行的；

（三）其他：_____。

第三十五条 终止本方案的程序

（一）经集体协商制定终止企业年金计划方案。方案内容应包括终止原因、企业账户资金和个人账户处理办法等；

（二）终止方案经民主程序讨论通过；

（三）报送人力资源和社会保障部门备案；

（四）由受托人组织清算组对企业年金基金财产进行清算，对所有个人账户权益进行全部归属，并按照方案规定或者民主程序讨论通过的办法分配企业账户资金[②]；

（五）将个人账户转移至协商确定的法人受托机构发起的集合计划设置的保留账户暂时管理；

（六）通知本方案参加职工及受托人。

[①] 中央所属大型企业在人力资源社会保障部备案，跨省用人单位在总部所在地省级人力资源社会保障部门备案，省内跨地区用人单位在总部所在地设区的市级以上人力资源社会保障部门备案。

[②] 仅是企业账户余额的，按照方案确定的办法分配；包括补偿资金的，通过集体协商确定分配办法。

第九章 组织管理和监督

第三十六条 本单位的企业年金基金管理接受人力资源社会保障部门等国家相关部门的监督检查。本单位依照国家相关法律、法规对受托人进行监督。

第三十七条 在接受国家相关部门监督的基础上，由本单位的纪检、工会和审计部门对本企业年金计划的运作管理进行内部监督。

第十章 附　　则

第三十八条 本方案自××年×月×日起开始实施。

第三十九条 因订立或者履行企业年金方案发生争议的，根据《集体合同规定》处理。

第四十条 因履行企业年金基金管理合同发生争议的，当事人可以依法申请仲裁或者提起诉讼。

第四十一条 本方案涉及的相关财税问题，按照国家相关规定执行。

第四十二条 本单位拥有对本方案的最终解释权。

附件①：

职工放弃参加企业年金声明

申请人姓名	
申请人身份证号码	
本人已认真阅读并理解《××单位企业年金方案》。经慎重考虑，本人放弃参加××单位企业年金计划。 　　　　　　　　　　　　　　　　　　　声明人： 　　　　　　　　　　　　　　　　　　　　年　　月　　日	
单位意见	经审核，同意该职工不参加企业年金计划。 　　　　　　　　　　　　　　签字（盖章）： 　　　　　　　　　　　　　　　年　　月　　日

附件②：

职工参加企业年金申请表

申请人姓名	
申请人身份证号码	
本人已认真阅读并同意接受《××单位企业年金方案》，申请参加××单位企业年金计划。 　　　　　　　　　　　　　　　　　　　申请人： 　　　　　　　　　　　　　　　　　　　　年　　月　　日	
单位意见	经审核，该职工符合参加企业年金的条件，同意其参加企业年金计划。 　　　　　　　　　　　　　　签字（盖章）： 　　　　　　　　　　　　　　　年　　月　　日

附件③：

职工中止（恢复）企业年金缴费申请表

申请人姓名	
申请人身份证号码	

	中止企业年金缴费的申请
	本人经慎重考虑，申请中止企业年金缴费，并愿意承担由此带来的损失。中止缴费期间为：
	□___年___月___日至___年___月___日；
	□至本人申请恢复缴费为止；
	□至退出本企业年金计划为止。
	申请人：
	年　月　日

	恢复企业年金缴费的申请
	本人申请自___年___月___日起恢复企业年金缴费。
	申请人：
	年　月　日

单位意见	经审核，同意该职工中止企业年金缴费。 签字（盖章）： 年　月　日
	经审核，同意该职工恢复企业年金缴费。 签字（盖章）： 年　月　日

附件3

企业年金方案备案所需材料

情形	所需材料
用人单位建立企业年金计划	备案函、企业年金方案（实施细则）、基本情况简表（附件4）、重点情况说明、职工（代表）大会决议、职工基本养老保险缴费证明
下属单位加入集团公司企业年金计划	备案函、企业年金方案实施细则、基本情况简表、重点情况说明、职工（代表）大会决议、职工基本养老保险缴费证明
企业年金方案（实施细则）重要条款变更	备案函、调整后的企业年金方案（实施细则）、调整对照说明、职工（代表）大会决议
终止企业年金计划	备案函、终止企业年金计划方案、职工（代表）大会决议
备注	1. 方案正本、副本各1份，电子版1份； 2. 重点情况说明包括单位基本情况、重要条款说明、方案与范本不一致情况的说明。

附件 4

(××单位)企业年金方案基本情况简表(样式)

单位联系人：　　　　办公电话：　　　　手机：　　　　受托人联系人：
办公电话：　　　　手机：

序号	集团单位名称(盖章)、性质、从事行业	集团所有下属单位个数	集团总人数	在职、离退休人数	参加计划人数、覆盖率	集团方案批复时间	方案复函函号	已领待遇人数
	已报备下属单位名称	有无方案调整事项(列出)			是否报备	复函时间	复函函号	

续表

序号	本次报备下属单位名称	所属地	集体协商形式	参加人数、覆盖率	决议时间	拟实施方案日期

序号	未建立年金下属单位名称	未建立原因				

附件5

基本养老保险参保缴费证明（样式）

编号：

经核实，(××单位) 于××年××月××日在我单位进行社会保险登记，该单位参保缴费情况如下：

单位：人，万元（小数点后保留两位）

项目	应参保职工	实际参保职工	实际缴费人数	缴费工资总额		费率（%）		应缴费额		实际缴费额		历年欠费额
				单位	个人	单位	个人	单位	个人	单位	个人	
	1	2	3	4	5	6	7	8	9	10	11	12
上年度												
本年1至 月												

注：1. 应参保职工、实际参保和缴费人数为该企业上年末及证明开具上月末的人数；
2. 缴费工资总额、应缴费额和实际缴费额为该单位上年度及本年度初至证明开具上月末止的累计数额；
3. 历年欠费额为企业自参加基本养老保险之日起至证明开具上月末止的累计欠费额。

经办人签章：

联系电话：

社保经办单位负责人签章：

（社保经办机构公章）

年 月 日

企业年金基金管理办法

(2011年2月12日人力资源社会保障部、银监会、证监会、保监会令第11号公布　根据2015年4月30日《人力资源社会保障部关于修改部分规章的决定》修订)

第一章　总　　则

第一条　为维护企业年金各方当事人的合法权益，规范企业年金基金管理，根据劳动法、信托法、合同法、证券投资基金法等法律和国务院有关规定，制定本办法。

第二条　企业年金基金的受托管理、账户管理、托管、投资管理以及监督管理适用本办法。

本办法所称企业年金基金，是指根据依法制定的企业年金计划筹集的资金及其投资运营收益形成的企业补充养老保险基金。

第三条　建立企业年金计划的企业及其职工作为委托人，与企业年金理事会或者法人受托机构（以下简称受托人）签订受托管理合同。

受托人与企业年金基金账户管理机构（以下简称账户管理人）、企业年金基金托管机构（以下简称托管人）和企业年金基金投资管理机构（以下简称投资管理人）分别签订委托管理合同。

第四条 受托人应当将受托管理合同和委托管理合同报人力资源社会保障行政部门备案。

第五条 一个企业年金计划应当仅有一个受托人、一个账户管理人和一个托管人，可以根据资产规模大小选择适量的投资管理人。

第六条 同一企业年金计划中，受托人与托管人、托管人与投资管理人不得为同一人；建立企业年金计划的企业成立企业年金理事会作为受托人的，该企业与托管人不得为同一人；受托人与托管人、托管人与投资管理人、投资管理人与其他投资管理人的总经理和企业年金从业人员，不得相互兼任。

同一企业年金计划中，法人受托机构具备账户管理或者投资管理业务资格的，可以兼任账户管理人或者投资管理人。

第七条 法人受托机构兼任投资管理人时，应当建立风险控制制度，确保各项业务管理之间的独立性；设立独立的受托业务和投资业务部门，办公区域、运营管理流程和业务制度应当严格分离；直接负责的高级管理人员、受托业务和投资业务部门的工作人员不得相互兼任。

同一企业年金计划中，法人受托机构对待各投资管理人应当执行统一的标准和流程，体现公开、公平、公正原则。

第八条 企业年金基金缴费必须归集到受托财产托管账户，并在45日内划入投资资产托管账户。企业年金基金财产独立于委托人、受托人、账户管理人、托管人、投资管理人和其他为企业年金基金管理提供服务的自然人、法人或者其他组织的固有财产及其管理的其他财产。

企业年金基金财产的管理、运用或者其他情形取得的财产和收益，应当归入基金财产。

第九条 委托人、受托人、账户管理人、托管人、投资管理人和其他为企业年金基金管理提供服务的自然人、法人或者其他组织，因依法解散、被依法撤销或者被依法宣告破产等原因进行终止清算的，企业年金基金财产不属于其清算财产。

第十条 企业年金基金财产的债权，不得与委托人、受托人、账户管理人、托管人、投资管理人和其他为企业年金基金管理提供服务的自然人、法人或者其他组织固有财产的债务相互抵销。不同企业年金计划的企业年金基金的债权债务，不得相互抵销。

第十一条 非因企业年金基金财产本身承担的债务，不得对基金财产强制执行。

第十二条 受托人、账户管理人、托管人、投资管理人和其他为企业年金基金管理提供服务的自然人、法人或者其他组织必须恪尽职守，履行诚实、信用、谨慎、勤勉的义务。

第十三条 人力资源社会保障部负责制定企业年金基金管理的有关政策。人力资源社会保障行政部门对企业年金基金管理进行监管。

第二章 受 托 人

第十四条 本办法所称受托人，是指受托管理企业年金基金的符合国家规定的养老金管理公司等法人受托机构（以下简称法人受托机构）或者企业年金理事会。

第十五条 建立企业年金计划的企业，应当通过职工大会或者职工代表大会讨论确定，选择法人受托机构作为受托人，或者成立企业年金理事会作为受托人。

第十六条　企业年金理事会由企业代表和职工代表等人员组成，也可以聘请企业以外的专业人员参加，其中职工代表不少于三分之一。理事会应当配备一定数量的专职工作人员。

第十七条　企业年金理事会中的职工代表和企业以外的专业人员由职工大会、职工代表大会或者其他形式民主选举产生。企业代表由企业方聘任。

理事任期由企业年金理事会章程规定，但每届任期不得超过三年。理事任期届满，连选可以连任。

第十八条　企业年金理事会理事应当具备下列条件：

（一）具有完全民事行为能力；

（二）诚实守信，无犯罪记录；

（三）具有从事法律、金融、会计、社会保障或者其他履行企业年金理事会理事职责所必需的专业知识；

（四）具有决策能力；

（五）无个人所负数额较大的债务到期未清偿情形。

第十九条　企业年金理事会依法独立管理本企业的企业年金基金事务，不受企业方的干预，不得从事任何形式的营业性活动，不得从企业年金基金财产中提取管理费用。

第二十条　企业年金理事会会议，应当由理事本人出席；理事因故不能出席，可以书面委托其他理事代为出席，委托书中应当载明授权范围。

理事会作出决议，应当经全体理事三分之二以上通过。理事会应当对会议所议事项的决定形成会议记录，出席会议的理事应当在会议记录上签名。

第二十一条　理事应当对企业年金理事会的决议承担责任。理事会的决议违反法律、行政法规、本办法规定或者理事会章程,致使企业年金基金财产遭受损失的,理事应当承担赔偿责任。但经证明在表决时曾表明异议并记载于会议记录的,该理事可以免除责任。

企业年金理事会对外签订合同,应当由全体理事签字。

第二十二条 法人受托机构应当具备下列条件:

(一)经国家金融监管部门批准,在中国境内注册的独立法人;

(二)注册资本不少于5亿元人民币,且在任何时候都维持不少于5亿元人民币的净资产;

(三)具有完善的法人治理结构;

(四)取得企业年金基金从业资格的专职人员达到规定人数;

(五)具有符合要求的营业场所、安全防范设施和与企业年金基金受托管理业务有关的其他设施;

(六)具有完善的内部稽核监控制度和风险控制制度;

(七)近3年没有重大违法违规行为;

(八)国家规定的其他条件。

第二十三条 受托人应当履行下列职责:

(一)选择、监督、更换账户管理人、托管人、投资管理人;

(二)制定企业年金基金战略资产配置策略;

(三)根据合同对企业年金基金管理进行监督;

(四)根据合同收取企业和职工缴费,向受益人支付企业年金待遇,并在合同中约定具体的履行方式;

(五)接受委托人查询,定期向委托人提交企业年金基金管理和财务会计报告。发生重大事件时,及时向委托人和有关监管部门报告；定期向有关监管部门提交开展企业年金基金受托管理业务情况的报告；

（六）按照国家规定保存与企业年金基金管理有关的记录自合同终止之日起至少15年；

（七）国家规定和合同约定的其他职责。

第二十四条 本办法所称受益人，是指参加企业年金计划并享有受益权的企业职工。

第二十五条 有下列情形之一的，法人受托机构职责终止：

（一）违反与委托人合同约定的；

（二）利用企业年金基金财产为其谋取利益，或者为他人谋取不正当利益的；

（三）依法解散、被依法撤销、被依法宣告破产或者被依法接管的；

（四）被依法取消企业年金基金受托管理业务资格的；

（五）委托人有证据认为更换受托人符合受益人利益的；

（六）有关监管部门有充分理由和依据认为更换受托人符合受益人利益的；

（七）国家规定和合同约定的其他情形。

企业年金理事会有前款第（二）项规定情形的，企业年金理事会职责终止，由委托人选择法人受托机构担任受托人。企业年金理事会有第（一）、（三）至（七）项规定情形之一的，应当按照国家规定重新组成，或者由委托人选择法人受托机构担任受托人。

第二十六条 受托人职责终止的，委托人应当在45日内委任新的受托人。

受托人职责终止的，应当妥善保管企业年金基金受托管理资料，在 45 日内办理完毕受托管理业务移交手续，新受托人应当接收并行使相应职责。

第三章　账户管理人

第二十七条　本办法所称账户管理人，是指接受受托人委托管理企业年金基金账户的专业机构。

第二十八条　账户管理人应当具备下列条件：

（一）经国家有关部门批准，在中国境内注册的独立法人；

（二）注册资本不少于 5 亿元人民币，且在任何时候都维持不少于 5 亿元人民币的净资产；

（三）具有完善的法人治理结构；

（四）取得企业年金基金从业资格的专职人员达到规定人数；

（五）具有相应的企业年金基金账户信息管理系统；

（六）具有符合要求的营业场所、安全防范设施和与企业年金基金账户管理业务有关的其他设施；

（七）具有完善的内部稽核监控制度和风险控制制度；

（八）近 3 年没有重大违法违规行为；

（九）国家规定的其他条件。

第二十九条　账户管理人应当履行下列职责：

（一）建立企业年金基金企业账户和个人账户；

（二）记录企业、职工缴费以及企业年金基金投资收益；

（三）定期与托管人核对缴费数据以及企业年金基金账户财产变化状况，及时将核对结果提交受托人；

（四）计算企业年金待遇；

（五）向企业和受益人提供企业年金基金企业账户和个人账

户信息查询服务；向受益人提供年度权益报告；

（六）定期向受托人提交账户管理数据等信息以及企业年金基金账户管理报告；定期向有关监管部门提交开展企业年金基金账户管理业务情况的报告；

（七）按照国家规定保存企业年金基金账户管理档案自合同终止之日起至少15年；

（八）国家规定和合同约定的其他职责。

第三十条 有下列情形之一的，账户管理人职责终止：

（一）违反与受托人合同约定的；

（二）利用企业年金基金财产为其谋取利益，或者为他人谋取不正当利益的；

（三）依法解散、被依法撤销、被依法宣告破产或者被依法接管的；

（四）被依法取消企业年金基金账户管理业务资格的；

（五）受托人有证据认为更换账户管理人符合受益人利益的；

（六）有关监管部门有充分理由和依据认为更换账户管理人符合受益人利益的；

（七）国家规定和合同约定的其他情形。

第三十一条 账户管理人职责终止的，受托人应当在45日内确定新的账户管理人。

账户管理人职责终止的，应当妥善保管企业年金基金账户管理资料，在45日内办理完毕账户管理业务移交手续，新账户管理人应当接收并行使相应职责。

第四章 托 管 人

第三十二条 本办法所称托管人，是指接受受托人委托保管企业年金基金财产的商业银行。

第三十三条 托管人应当具备下列条件：

（一）经国家金融监管部门批准，在中国境内注册的独立法人；

（二）注册资本不少于 50 亿元人民币，且在任何时候都维持不少于 50 亿元人民币的净资产；

（三）具有完善的法人治理结构；

（四）设有专门的资产托管部门；

（五）取得企业年金基金从业资格的专职人员达到规定人数；

（六）具有保管企业年金基金财产的条件；

（七）具有安全高效的清算、交割系统；

（八）具有符合要求的营业场所、安全防范设施和与企业年金基金托管业务有关的其他设施；

（九）具有完善的内部稽核监控制度和风险控制制度；

（十）近 3 年没有重大违法违规行为；

（十一）国家规定的其他条件。

第三十四条 托管人应当履行下列职责：

（一）安全保管企业年金基金财产；

（二）以企业年金基金名义开设基金财产的资金账户和证券账户等；

（三）对所托管的不同企业年金基金财产分别设置账户，确保基金财产的完整和独立；

(四)根据受托人指令,向投资管理人分配企业年金基金财产;

(五)及时办理清算、交割事宜;

(六)负责企业年金基金会计核算和估值,复核、审查和确认投资管理人计算的基金财产净值;

(七)根据受托人指令,向受益人发放企业年金待遇;

(八)定期与账户管理人、投资管理人核对有关数据;

(九)按照规定监督投资管理人的投资运作,并定期向受托人报告投资监督情况;

(十)定期向受托人提交企业年金基金托管和财务会计报告;定期向有关监管部门提交开展企业年金基金托管业务情况的报告;

(十一)按照国家规定保存企业年金基金托管业务活动记录、账册、报表和其他相关资料自合同终止之日起至少15年;

(十二)国家规定和合同约定的其他职责。

第三十五条 托管人发现投资管理人依据交易程序尚未成立的投资指令违反法律、行政法规、其他有关规定或者合同约定的,应当拒绝执行,立即通知投资管理人,并及时向受托人和有关监管部门报告。

托管人发现投资管理人依据交易程序已经成立的投资指令违反法律、行政法规、其他有关规定或者合同约定的,应当立即通知投资管理人,并及时向受托人和有关监管部门报告。

第三十六条 有下列情形之一的,托管人职责终止:

(一)违反与受托人合同约定的;

(二)利用企业年金基金财产为其谋取利益,或者为他人谋取不正当利益的;

（三）依法解散、被依法撤销、被依法宣告破产或者被依法接管的；

（四）被依法取消企业年金基金托管业务资格的；

（五）受托人有证据认为更换托管人符合受益人利益的；

（六）有关监管部门有充分理由和依据认为更换托管人符合受益人利益的；

（七）国家规定和合同约定的其他情形。

第三十七条 托管人职责终止的，受托人应当在45日内确定新的托管人。

托管人职责终止的，应当妥善保管企业年金基金托管资料，在45日内办理完毕托管业务移交手续，新托管人应当接收并行使相应职责。

第三十八条 禁止托管人有下列行为：

（一）托管的企业年金基金财产与其固有财产混合管理；

（二）托管的企业年金基金财产与托管的其他财产混合管理；

（三）托管的不同企业年金计划、不同企业年金投资组合的企业年金基金财产混合管理；

（四）侵占、挪用托管的企业年金基金财产；

（五）国家规定和合同约定禁止的其他行为。

第五章 投资管理人

第三十九条 本办法所称投资管理人，是指接受受托人委托投资管理企业年金基金财产的专业机构。

第四十条 投资管理人应当具备下列条件：

（一）经国家金融监管部门批准，在中国境内注册，具有受托投资管理、基金管理或者资产管理资格的独立法人；

（二）具有证券资产管理业务的证券公司注册资本不少于10亿元人民币，且在任何时候都维持不少于10亿元人民币的净资产；养老金管理公司注册资本不少于5亿元人民币，且在任何时候都维持不少于5亿元人民币的净资产；信托公司注册资本不少于3亿元人民币，且在任何时候都维持不少于3亿元人民币的净资产；基金管理公司、保险资产管理公司、证券资产管理公司或者其他专业投资机构注册资本不少于1亿元人民币，且在任何时候都维持不少于1亿元人民币的净资产；

（三）具有完善的法人治理结构；

（四）取得企业年金基金从业资格的专职人员达到规定人数；

（五）具有符合要求的营业场所、安全防范设施和与企业年金基金投资管理业务有关的其他设施；

（六）具有完善的内部稽核监控制度和风险控制制度；

（七）近3年没有重大违法违规行为；

（八）国家规定的其他条件。

第四十一条 投资管理人应当履行下列职责：

（一）对企业年金基金财产进行投资；

（二）及时与托管人核对企业年金基金会计核算和估值结果；

（三）建立企业年金基金投资管理风险准备金；

（四）定期向受托人提交企业年金基金投资管理报告；定期向有关监管部门提交开展企业年金基金投资管理业务情况的报告；

（五）根据国家规定保存企业年金基金财产会计凭证、会计账簿、年度财务会计报告和投资记录自合同终止之日起至少 15 年；

（六）国家规定和合同约定的其他职责。

第四十二条 有下列情形之一的，投资管理人应当及时向受托人报告：

（一）企业年金基金单位净值大幅度波动的；

（二）可能使企业年金基金财产受到重大影响的有关事项；

（三）国家规定和合同约定的其他情形。

第四十三条 有下列情形之一的，投资管理人职责终止：

（一）违反与受托人合同约定的；

（二）利用企业年金基金财产为其谋取利益，或者为他人谋取不正当利益的；

（三）依法解散、被依法撤销、被依法宣告破产或者被依法接管的；

（四）被依法取消企业年金基金投资管理业务资格的；

（五）受托人有证据认为更换投资管理人符合受益人利益的；

（六）有关监管部门有充分理由和依据认为更换投资管理人符合受益人利益的；

（七）国家规定和合同约定的其他情形。

第四十四条 投资管理人职责终止的，受托人应当在 45 日内确定新的投资管理人。

投资管理人职责终止的，应当妥善保管企业年金基金投资管理资料，在 45 日内办理完毕投资管理业务移交手续，新投资管理人应当接收并行使相应职责。

第四十五条 禁止投资管理人有下列行为：

（一）将其固有财产或者他人财产混同于企业年金基金财产；

（二）不公平对待企业年金基金财产与其管理的其他财产；

（三）不公平对待其管理的不同企业年金基金财产；

（四）侵占、挪用企业年金基金财产；

（五）承诺、变相承诺保本或者保证收益；

（六）利用所管理的其他资产为企业年金计划委托人、受益人或者相关管理人谋取不正当利益；

（七）国家规定和合同约定禁止的其他行为。

第六章 基 金 投 资

第四十六条 企业年金基金投资管理应当遵循谨慎、分散风险的原则，充分考虑企业年金基金财产的安全性、收益性和流动性，实行专业化管理。

第四十七条 企业年金基金财产限于境内投资，投资范围包括银行存款、国债、中央银行票据、债券回购、万能保险产品、投资连结保险产品、证券投资基金、股票，以及信用等级在投资级以上的金融债、企业（公司）债、可转换债（含分离交易可转换债）、短期融资券和中期票据等金融产品。

第四十八条 每个投资组合的企业年金基金财产应当由一个投资管理人管理，企业年金基金财产以投资组合为单位按照公允价值计算应当符合下列规定：

（一）投资银行活期存款、中央银行票据、债券回购等流动性产品以及货币市场基金的比例，不得低于投资组合企业年金基金财产净值的5%；清算备付金、证券清算款以及一级市场证券申购资金视为流动性资产；投资债券正回购的比例不得高于投资组合企业年金基金财产净值的40%。

（二）投资银行定期存款、协议存款、国债、金融债、企业（公司）债、短期融资券、中期票据、万能保险产品等固定收益类产品以及可转换债（含分离交易可转换债）、债券基金、投资连结保险产品（股票投资比例不高于30%）的比例，不得高于投资组合企业年金基金财产净值的95%。

（三）投资股票等权益类产品以及股票基金、混合基金、投资连结保险产品（股票投资比例高于或者等于30%）的比例，不得高于投资组合企业年金基金财产净值的30%。其中，企业年金基金不得直接投资于权证，但因投资股票、分离交易可转换债等投资品种而衍生获得的权证，应当在权证上市交易之日起10个交易日内卖出。

第四十九条 根据金融市场变化和投资运作情况，人力资源社会保障部会同中国银监会、中国证监会和中国保监会，适时对投资范围和比例进行调整。

第五十条 单个投资组合的企业年金基金财产，投资于一家企业所发行的股票，单期发行的同一品种短期融资券、中期票据、金融债、企业（公司）债、可转换债（含分离交易可转换债），单只证券投资基金，单个万能保险产品或者投资连结保险产品，分别不得超过该企业上述证券发行量、该基金份额或者该保险产品资产管理规模的5%；按照公允价值计算，也不得超过该投资组合企业年金基金财产净值的10%。

单个投资组合的企业年金基金财产，投资于经备案的符合第四十八条投资比例规定的单只养老金产品，不得超过该投资组合企业年金基金财产净值的30%，不受上述10%规定的限制。

第五十一条 投资管理人管理的企业年金基金财产投资于自

己管理的金融产品须经受托人同意。

第五十二条 因证券市场波动、上市公司合并、基金规模变动等投资管理人之外的因素致使企业年金基金投资不符合本办法第四十八条、第五十条规定的比例或者合同约定的投资比例的，投资管理人应当在可上市交易之日起 10 个交易日内调整完毕。

第五十三条 企业年金基金证券交易以现货和国务院规定的其他方式进行，不得用于向他人贷款和提供担保。

投资管理人不得从事使企业年金基金财产承担无限责任的投资。

第七章 收益分配及费用

第五十四条 账户管理人应当采用份额计量方式进行账户管理，根据企业年金基金单位净值，按周或者按日足额记入企业年金基金企业账户和个人账户。

第五十五条 受托人年度提取的管理费不高于受托管理企业年金基金财产净值的 0.2%。

第五十六条 账户管理人的管理费按照每户每月不超过 5 元人民币的限额，由建立企业年金计划的企业另行缴纳。

保留账户和退休人员账户的账户管理费可以按照合同约定由受益人自行承担，从受益人个人账户中扣除。

第五十七条 托管人年度提取的管理费不高于托管企业年金基金财产净值的 0.2%。

第五十八条 投资管理人年度提取的管理费不高于投资管理企业年金基金财产净值的 1.2%。

第五十九条 根据企业年金基金管理情况，人力资源社会保障部会同中国银监会、中国证监会和中国保监会，适时对有关管理费进行调整。

第六十条 投资管理人从当期收取的管理费中，提取20%作为企业年金基金投资管理风险准备金，专项用于弥补合同终止时所管理投资组合的企业年金基金当期委托投资资产的投资亏损。

第六十一条 当合同终止时，如所管理投资组合的企业年金基金财产净值低于当期委托投资资产的，投资管理人应当用风险准备金弥补该时点的当期委托投资资产亏损，直至该投资组合风险准备金弥补完毕；如所管理投资组合的企业年金基金当期委托投资资产没有发生投资亏损或者风险准备金弥补后有剩余的，风险准备金划归投资管理人所有。

第六十二条 企业年金基金投资管理风险准备金应当存放于投资管理人在托管人处开立的专用存款账户，余额达到投资管理人所管理投资组合基金财产净值的10%时可以不再提取。托管人不得对投资管理风险准备金账户收取费用。

第六十三条 风险准备金由投资管理人进行管理，可以投资于银行存款、国债等高流动性、低风险金融产品。风险准备金产生的投资收益，应当纳入风险准备金管理。

第八章 计划管理和信息披露

第六十四条 企业年金单一计划指受托人将单个委托人交付的企业年金基金，单独进行受托管理的企业年金计划。

企业年金集合计划指同一受托人将多个委托人交付的企业年金基金，集中进行受托管理的企业年金计划。

第六十五条 法人受托机构设立集合计划，应当制定集合计划受托管理合同，为每个集合计划确定账户管理人、托管人各一名,投资管理人至少三名;并分别与其签订委托管理合同。

集合计划受托人应当将制定的集合计划受托管理合同、签订的委托管理合同以及该集合计划的投资组合说明书报人力资源社会保障部备案。

第六十六条 一个企业年金方案的委托人只能建立一个企业年金单一计划或者参加一个企业年金集合计划。委托人加入集合计划满3年后,方可根据受托管理合同规定选择退出集合计划。

第六十七条 发生下列情形之一的,企业年金单一计划变更:

(一)企业年金计划受托人、账户管理人、托管人或者投资管理人变更;

(二)企业年金基金管理合同主要内容变更;

(三)企业年金计划名称变更;

(四)国家规定的其他情形。

发生前款规定情形时,受托人应当将相关企业年金基金管理合同重新报人力资源社会保障行政部门备案。

第六十八条 企业年金单一计划终止时,受托人应当组织清算组对企业年金基金财产进行清算。清算费用从企业年金基金财产中扣除。

清算组由企业代表、职工代表、受托人、账户管理人、托管人、投资管理人以及由受托人聘请的会计师事务所、律师事务所等组成。

清算组应当自清算工作完成后3个月内,向人力资源社会保障行政部门和受益人提交经会计师事务所审计以及律师事务所出具法律意见书的清算报告。

人力资源社会保障行政部门应当注销该企业年金计划。

第六十九条 受益人工作单位发生变化,新工作单位已经建立企业年金计划的,其企业年金个人账户权益应当转入新工作单位的企业年金计划管理。新工作单位没有建立企业年金计划的,其企业年金个人账户权益可以在原法人受托机构发起的集合计划设置的保留账户统一管理;原受托人是企业年金理事会的,由企业与职工协商选择法人受托机构管理。

第七十条 企业年金单一计划终止时,受益人企业年金个人账户权益应当转入原法人受托机构发起的集合计划设置的保留账户统一管理;原受托人是企业年金理事会的,由企业与职工协商选择法人受托机构管理。

第七十一条 发生以下情形之一的,受托人应当聘请会计师事务所对企业年金计划进行审计。审计费用从企业年金基金财产中扣除。

(一)企业年金计划连续运作满三个会计年度时;

(二)企业年金计划管理人职责终止时;

(三)国家规定的其他情形。

账户管理人、托管人、投资管理人应当自上述情况发生之日起配合会计师事务所对企业年金计划进行审计。受托人应当自上述情况发生之日起的50日内向委托人以及人力资源社会保障行政部门提交审计报告。

第七十二条 受托人应当在每季度结束后30日内向委托人提交企业年金基金管理季度报告;并应当在年度结束后60日内向委托人提交企业年金基金管理和财务会计年度报告。

第七十三条 账户管理人应当在每季度结束后15日内向受托人提交企业年金基金账户管理季度报告;并应当在年度结束后45日内向受托人提交企业年金基金账户管理年度报告。

第七十四条　托管人应当在每季度结束后 15 日内向受托人提交企业年金基金托管和财务会计季度报告；并应当在年度结束后 45 日内向受托人提交企业年金基金托管和财务会计年度报告。

第七十五条　投资管理人应当在每季度结束后 15 日内向受托人提交经托管人确认财务管理数据的企业年金基金投资组合季度报告；并应当在年度结束后 45 日内向受托人提交经托管人确认财务管理数据的企业年金基金投资管理年度报告。

第七十六条　法人受托机构、账户管理人、托管人和投资管理人发生下列情形之一的，应当及时向人力资源社会保障部报告；账户管理人、托管人和投资管理人应当同时抄报受托人。

（一）减资、合并、分立、依法解散、被依法撤销、决定申请破产或者被申请破产的；

（二）涉及重大诉讼或者仲裁的；

（三）董事长、总经理、直接负责企业年金业务的高级管理人员发生变动的；

（四）国家规定的其他情形。

第七十七条　受托人、账户管理人、托管人和投资管理人应当按照规定报告企业年金基金管理情况，并对所报告内容的真实性、完整性负责。

第九章　监督检查

第七十八条　法人受托机构、账户管理人、托管人、投资管理人开展企业年金基金管理相关业务，应当向人力资源社会保障部提出申请。法人受托机构、账户管理人、投资管理人向人力资源社会保障部提出申请前应当先经其业务监管部门同意，托管人向人力资源社会保障部提出申请前应当先向其业务监管部门备案。

第七十九条 人力资源社会保障部收到法人受托机构、账户管理人、托管人、投资管理人的申请后，应当组织专家评审委员会，按照规定进行审慎评审。经评审符合条件的，由人力资源社会保障部会同有关部门确认公告；经评审不符合条件的，应当书面通知申请人。

专家评审委员会由有关部门代表和社会专业人士组成。每次参加评审的专家应当从专家评审委员会中随机抽取产生。

第八十条 受托人、账户管理人、托管人、投资管理人开展企业年金基金管理相关业务，应当接受人力资源社会保障行政部门的监管。

法人受托机构、账户管理人、托管人和投资管理人的业务监管部门按照各自职责对其经营活动进行监督。

第八十一条 人力资源社会保障部依法履行监督管理职责，可以采取以下措施：

（一）查询、记录、复制与被调查事项有关的企业年金基金管理合同、财务会计报告等资料；

（二）询问与调查事项有关的单位和个人，要求其对有关问题做出说明、提供有关证明材料；

（三）国家规定的其他措施。

委托人、受托人、账户管理人、托管人、投资管理人和其他为企业年金基金管理提供服务的自然人、法人或者其他组织，应当积极配合检查，如实提供有关资料，不得拒绝、阻挠或者逃避检查，不得谎报、隐匿或者销毁相关证据材料。

第八十二条 人力资源社会保障部依法进行调查或者检查时，应当至少由两人共同进行，并出示证件，承担下列义务：

（一）依法履行职责，秉公执法，不得利用职务之便谋取私利；

（二）保守在调查或者检查时知悉的商业秘密；

（三）为举报人员保密。

第八十三条 法人受托机构、中央企业集团公司成立的企业年金理事会、账户管理人、托管人、投资管理人违反本办法规定或者企业年金基金管理费、信息披露相关规定的，由人力资源社会保障部责令改正。其他企业（包括中央企业子公司）成立的企业年金理事会，违反本办法规定或者企业年金基金管理费、信息披露相关规定的，由管理合同备案所在地的省、自治区、直辖市或者计划单列市人力资源社会保障行政部门责令改正。

第八十四条 受托人、账户管理人、托管人、投资管理人发生违法违规行为可能影响企业年金基金财产安全的，或者经责令改正而不改正的，由人力资源社会保障部暂停其接收新的企业年金基金管理业务。给企业年金基金财产或者受益人利益造成损害的，依法承担赔偿责任；构成犯罪的，依法追究刑事责任。

第八十五条 人力资源社会保障部将法人受托机构、账户管理人、托管人、投资管理人违法行为、处理结果以及改正情况予以记录，同时抄送业务监管部门。在企业年金基金管理资格有效期内，有三次以上违法记录或者一次以上经责令改正而不改正的，在其资格到期之后5年内，不再受理其开展企业年金基金管理业务的申请。

第八十六条 会计师事务所和律师事务所提供企业年金中介服务应当严格遵守相关职业准则和行业规范。

第十章 附 则

第八十七条 企业年金基金管理,国务院另有规定的,从其规定。

第八十八条 本办法自 2011 年 5 月 1 日起施行。劳动和社会保障部、中国银行业监督管理委员会、中国证券监督管理委员会、中国保险监督管理委员会于 2004 年 2 月 23 日发布的《企业年金基金管理试行办法》(劳动保障部令第 23 号)同时废止。

关于扩大企业年金基金投资范围的通知

(2013年3月19日人力资源社会保障部发布
人社部发〔2013〕23号)

各省、自治区、直辖市人力资源社会保障厅（局）、银监局、证监局、保监局，新疆生产建设兵团人力资源社会保障局，各计划单列市人力资源社会保障局、银监局、证监局、保监局，上海、深圳证券交易所，中国证券登记结算有限责任公司：

为促进企业年金市场健康发展，实现企业年金基金资产保值增值，根据《企业年金基金管理办法》（人力资源社会保障部第11号令，以下简称第11号令），现就扩大企业年金基金投资范围通知如下：

一、企业年金基金投资范围在第11号令第四十七条规定的金融产品之外，增加商业银行理财产品、信托产品、基础设施债权投资计划、特定资产管理计划、股指期货。

二、企业年金基金资产以投资组合为单位，按照公允价值计算应当符合下列规定：

（一）投资银行活期存款、中央银行票据、一年期以内（含一年）的银行定期存款、债券回购、货币市场基金、货币型养老金产品的比例，合计不得低于投资组合委托投资资产净值的5%；清算备付金、证券清算款以及一级市场证券申购资金视为流动性资产。

（二）投资一年期以上的银行定期存款、协议存款、国债、金融债、企业（公司）债、可转换债（含分离交易可转换债）、短期融资券、中期票据、万能保险产品、商业银行理财产品、信托产品、基础设施债权投资计划、特定资产管理计划、债券基金、投资连结保险产品（股票投资比例不高于30%）、固定收益型养老金产品、混合型养老金产品的比例，合计不得高于投资组合委托投资资产净值的135%。债券正回购的资金余额在每个交易日均不得高于投资组合委托投资资产净值的40%。

（三）投资股票、股票基金、混合基金、投资连结保险产品（股票投资比例高于30%）、股票型养老金产品的比例，合计不得高于投资组合委托投资资产净值的30%。

企业年金基金不得直接投资于权证，但因投资股票、分离交易可转换债等投资品种而衍生获得的权证，应当在权证上市交易之日起10个交易日内卖出。

三、单个投资组合委托投资资产，投资商业银行理财产品、信托产品、基础设施债权投资计划、特定资产管理计划的比例，合计不得高于投资组合委托投资资产净值的30%。其中，投资信托产品的比例，不得高于投资组合委托投资资产净值的10%。投资商业银行理财产品、信托产品、基础设施债权投资计划或者特定资产管理计划的专门投资组合，可以不受此30%和10%规定的限制。

专门投资组合，应当有80%以上的非现金资产投资于投资方向确定的内容。

四、单个投资组合委托投资资产，投资于单期商业银行理财产品、信托产品、基础设施债权投资计划或者特定资产管理计划，分别不得超过该期商业银行理财产品、信托产品、基础设施债权投资计划或者特定资产管理计划资产管理规模的20%。投资商业银行理财产品、信托产品、基础设施债权投资计划或者特定资产管理计划的专门投资组合，可以不受此规定的限制。

五、单个企业年金计划基金资产，投资商业银行理财产品、信托产品、基础设施债权投资计划、特定资产管理计划专门投资组合的比例，合计不得高于企业年金计划基金资产净值的30%。其中，投资信托产品专门投资组合的比例，不得高于企业年金计划基金资产净值的10%。

六、企业年金基金可投资的商业银行理财产品、信托产品、基础设施债权投资计划的发行主体，限于以下三类：

（一）具有"企业年金基金管理机构资格"的商业银行、信托公司、保险资产管理公司；

（二）金融集团公司的控股子公司具有"企业年金基金管理机构资格"，发行商业银行理财产品、信托产品、基础设施债权投资计划的该金融集团公司的其他控股子公司；

（三）发行商业银行理财产品、信托产品、基础设施债权投资计划的大型企业或者其控股子公司（已经建立企业年金计划）。该类商业银行理财产品、信托产品、基础设施债权投资计划仅限于大型企业自身或者其控股子公司的企业年金计划投资，并且投资事项应当由大型企业向人力资源社会保障部备案。

七、企业年金基金可投资的商业银行理财产品应当符合下列规定：

（一）风险等级为发行银行根据银监会评级要求，自主风险评级处于风险水平最低的一级或者二级；

（二）投资品种限于保证收益类和保本浮动收益类；

（三）投资范围限于境内市场的信贷资产、存款、货币市场工具、公开发行且评级在投资级以上的债券，基础资产由发行银行独立负责投资管理；

（四）发行商业银行理财产品的商业银行应当具有完善的公司治理、良好的市场信誉和稳定的投资业绩，上个会计年度末经审计的净资产不低于 300 亿元人民币或者在境内外主板上市，信用等级不低于国内信用评级机构评定的 A 级或者相当于 A 级的信用级别；境外上市并免于国内信用评级的，信用等级不低于国际信用评级机构评定的投资级或者以上的信用级别。

鼓励符合条件的商业银行根据企业年金委托人的投资偏好，为企业年金基金设计、发行商业银行理财产品。

八、企业年金基金可投资的信托产品应当符合下列规定：

（一）限于融资类集合资金信托计划和为企业年金基金设计、发行的单一资金信托计划；

（二）投资合同应当包含明确的"受益权转让"条款；

（三）信用等级不低于国内信用评级机构评定的 AA+级或者相当于 AA+级的信用级别。但符合下列条件之一的，可以豁免外部信用评级：

1. 偿债主体上个会计年度末经审计的净资产不低于 90 亿元人民币，年营业收入不低于 200 亿元人民币；

2. 提供无条件不可撤销连带责任保证担保的担保人，担保人上个会计年度末经审计的净资产不低于 90 亿元人民币，年营业收入不低于 200 亿元人民币。

（四）安排投资项目担保机制，但符合上述第三款 1 条规定且在风险可控的前提下可以豁免担保；

（五）发行信托产品的信托公司应当具有完善的公司治理、

良好的市场信誉和稳定的投资业绩,上个会计年度末经审计的净资产不低于30亿元人民币。

鼓励符合条件的信托公司根据企业年金委托人的投资偏好,为企业年金基金设计、发行信托产品。

九、企业年金基金可投资的基础设施债权投资计划应当符合下列规定:

(一)履行完毕相关监管机构规定的所有合法程序;

(二)基础资产限于投向国务院、有关部委或者省级政府批准的基础设施项目债权资产;

(三)投资合同应当包含明确的"受益权转让"条款;

(四)信用等级不低于国内信用评级机构评定的A级或者相当于A级的信用级别;

(五)投资品种限于信用增级为A类、B类增级方式;

(六)发行基础设施债权投资计划的保险资产管理公司应当具有完善的公司治理、良好的市场信誉和稳定的投资业绩,上个会计年度末经审计的净资产不低于2亿元人民币。

鼓励符合条件的保险资产管理公司根据企业年金委托人的投资偏好,为企业年金基金设计、发行基础设施债权投资计划。

十、企业年金基金可投资的特定资产管理计划应当符合下列规定:

(一)限于结构化分级特定资产管理计划的优先级份额;

(二)不得投资于商品期货及金融衍生品;

(三)不得投资于未通过证券交易所转让的股权;

(四)发行特定资产管理计划的基金管理公司应当具有完善的公司治理、良好的市场信誉和稳定的投资业绩,上个会计年度末经审计的净资产不低于2亿元人民币。

十一、企业年金计划投资组合、养老金产品参与股指期货交易应当符合下列规定：

（一）根据风险管理的原则，只能以套期保值为目的，并按照中国金融期货交易所套期保值管理的有关规定执行；

（二）企业年金计划投资组合、养老金产品参与股指期货交易，任一投资组合或者养老金产品在任何交易日日终，所持有的卖出股指期货合约价值，不得超过其对冲标的股票、股票基金、混合基金、投资连结保险产品（股票投资比例高于30%）等权益类资产的账面价值；

（三）企业年金计划投资组合、养老金产品不得买入股指期货套期保值。

十二、商业银行理财产品、信托产品、基础设施债权投资计划、特定资产管理计划的估值办法，按照相关法律法规或者监管部门的规定执行。

十三、投资管理人投资的金融产品，募集资金投资方向应当符合国家宏观政策、产业政策和监管政策；产品结构简单，基础资产清晰，信用增级安排确凿，具有稳定可预期的现金流；建立信息披露机制和风险隔离机制，并实行资产托（保）管。投资管理人应当优先投资在公开平台登记发行和交易转让的金融产品。

十四、投资管理人应当对有关金融产品风险进行实质性评估，根据投资管理和风险管理能力，合理制定金融产品配置计划，履行相应的内部审核程序，健全内部信用评级制度，科学确定投资品种和规模、期限结构、信用分布和流动性安排。

投资管理人投资有关金融产品，应当充分发挥投资者监督作用，持续跟踪金融产品管理运作，定期评估投资风险，适时调整投资限额、风险限额和止损限额,维护资产安全。金融产品发生违约等重大投资风险的,投资管理人应当采取有效措施,控制相关风险,并及时向人力资源社会保障部和有关业务监管部门报告,同时抄报企业年金受托人。

投资管理人投资有关金融产品,不得与当事人发生涉及利益输送、利益转移等不当交易行为,不得通过关联交易或者其他方式侵害企业年金委托人的利益。

十五、本通知所指信用增级安排,其中保证担保的,应当为本息全额无条件不可撤销连带责任保证担保,且担保人信用等级不低于被担保人信用等级;抵押或者质押担保的,担保财产应当权属清晰,未被设定其他担保或者采取保全措施,经评估的担保财产价值不低于待偿还本息,且担保行为已经履行必要法律程序。

关于企业年金养老金产品有关问题的通知

(2013年3月19日人力资源社会保障部发布
人社部发〔2013〕24号)

各省、自治区、直辖市人力资源社会保障厅（局）、银监局、证监局、保监局，新疆生产建设兵团人力资源社会保障局，各计划单列市人力资源社会保障局、银监局、证监局、保监局，上海、深圳证券交易所，中国证券登记结算有限责任公司：

为促进企业年金市场健康发展，提高企业年金基金投资运营效率，根据《企业年金基金管理办法》（人力资源社会保障部第11号令，以下简称第11号令），现就企业年金养老金产品有关问题通知如下：

一、养老金产品定义和投资范围

（一）养老金产品是由企业年金基金投资管理人发行的、面向企业年金基金定向销售的企业年金基金标准投资组合。

（二）养老金产品限于境内投资，投资范围包括银行存款、国债、中央银行票据、债券回购、万能保险产品、投资连结保险产品、证券投资基金、股票、商业银行理财产品、信托产品、基础设施债权投资计划、特定资产管理计划、股指期货，以及信用等级在投资级以上的金融债、企业（公司）债、可转换债（含分离交易可转换债）、短期融资券和中期票据等金融产品。

养老金产品资产不得直接投资于权证,但因投资股票、分离交易可转换债等投资品种而衍生获得的权证,应当在权证上市交易之日起10个交易日内卖出。

二、养老金产品类型和投资比例

(一)养老金产品类型

1. 股票型:投资股票、股票基金、混合基金、投资连结保险产品(股票投资比例高于30%)的比例,合计高于产品资产净值的30%。债券正回购的资金余额在每个交易日均不得高于产品资产净值的40%。

2. 混合型:投资股票、股票基金、混合基金、投资连结保险产品(股票投资比例高于30%)的比例,合计不得高于产品资产净值的30%。债券正回购的资金余额在每个交易日均不得高于产品资产净值的40%。

3. 固定收益型:投资银行定期存款、协议存款、国债、金融债、企业(公司)债、可转换债(含分离交易可转换债)、短期融资券、中期票据、万能保险产品、商业银行理财产品、信托产品、基础设施债权投资计划、特定资产管理计划、债券基金、投资连结保险产品(股票投资比例不高于30%)的比例,合计高于产品资产净值的80%。债券正回购的资金余额在每个交易日均不得高于产品资产净值的40%。可转换债(含分离交易可转换债)转股后应当于10个交易日内卖出。固定收益型养老金产品不得投资股票基金、混合基金、投资连结保险产品(股票投资比例高于30%);可以投资股票一级市场,且应当在上市流通后10个交易日内卖出,但不得投资股票二级市场。

4. 货币型:投资银行活期存款、一年以内(含一年)的银行定期存款、剩余期限在三百九十七天以内(含三百九十七天)

的债券、债券回购、期限在一年以内（含一年）的中央银行票据、货币市场基金、短期理财债券基金。债券正回购的资金余额在每个交易日均不得高于产品资产净值的40%。

5. 产品名称显示投资方向的固定收益型养老金产品，应当有80%以上的非现金资产投资于投资方向确定的内容。可以包括存款型、债券型、债券基金型、商业银行理财产品型、信托产品型、基础设施债权投资计划型、特定资产管理计划型、保险产品型等类型。

6. 商业银行理财产品型、信托产品型、基础设施债权投资计划型养老金产品，可以投资于建立企业年金计划的大型企业或者其控股子公司发行的商业银行理财产品、信托产品、基础设施债权投资计划。

7. 人力资源社会保障部将根据市场需求和运行合规情况，适当增加养老金产品的类型。

（二）养老金产品投资比例

1. 单个企业年金计划基金资产或者单个投资组合委托投资资产，投资股票型养老金产品的比例，不得高于企业年金计划基金资产净值或者投资组合委托投资资产净值的30%。

2. 单个企业年金计划基金资产，投资商业银行理财产品型、信托产品型、基础设施债权投资计划型、特定资产管理计划型养老金产品的比例，合计不得高于企业年金计划基金资产净值的30%。其中，投资信托产品型养老金产品的比例，不得高于企业年金计划基金资产净值的10%。

3. 单个投资组合委托投资资产，投资商业银行理财产品型、信托产品型、基础设施债权投资计划型、特定资产管理计划型养老金产品的比例，合计不得高于投资组合委托投资资产净值的

30%。其中,投资信托产品型养老金产品的比例,不得高于投资组合委托投资资产净值的10%。投资商业银行理财产品型、信托产品型、基础设施债权投资计划型或者特定资产管理计划型养老金产品的专门投资组合,可以不受此30%和10%规定的限制。

4. 单只养老金产品资产,投资于一家企业所发行的股票,单期发行的同一品种短期融资券、中期票据、金融债、企业(公司)债、可转换债(含分离交易可转换债),单只证券投资基金,单个万能保险产品或者投资连结保险产品,分别不得超过该企业上述证券发行量、该基金份额或者该保险产品资产管理规模的5%;按照公允价值计算,也不得超过该养老金产品资产净值的10%。

5. 单只养老金产品资产,投资商业银行理财产品、信托产品、基础设施债权投资计划、特定资产管理计划的比例,合计不得超过养老金产品资产净值的30%。其中,投资信托产品的比例,不得超过养老金产品资产净值的10%。商业银行理财产品型、信托产品型、基础设施债权投资计划型或者特定资产管理计划型养老金产品,可以不受此30%和10%规定的限制。

6. 单只养老金产品资产,投资于单期商业银行理财产品、信托产品、基础设施债权投资计划或者特定资产管理计划,分别不得超过该期商业银行理财产品、信托产品、基础设施债权投资计划或者特定资产管理计划资产管理规模的20%。其中,商业银行理财产品型、信托产品型、基础设施债权投资计划型或者特定资产管理计划型养老金产品,可以不受此规定的限制。

7. 单个投资组合委托投资资产,投资单只养老金产品的比例,可以不受第11号令第五十条有关30%规定的限制。

三、养老金产品发行

（一）投资管理人申请发行养老金产品，应当报送人力资源社会保障部备案，备案时提供下列材料，一式4份。

1.《关于养老金产品备案的函》；

2.《养老金产品投资管理合同》；

3.《养老金产品投资说明书》；

4. 投资管理人和养老金产品托管人协商一致签订的《养老金产品托管合同》；

5. 投资管理人担任注册登记人的，应当提交注册登记业务规则；投资管理人委托中国证券登记结算有限责任公司等符合条件的机构担任注册登记人的，应当提交委托代理协议书；

6. 投资管理人、托管人的"企业年金基金管理机构资格"证书复印件；

7. 其他需要提供的材料。

（二）人力资源社会保障部在收到符合规定的养老金产品备案材料之日起60日内，根据第11号令和本通知等有关规定，做出通过或者不予通过的决定。不予通过的，说明理由并通知申请人；通过的，向申请人出具养老金产品备案确认函，给予养老金产品登记号。养老金产品登记号编制方法为：99+PF+4位数年份+4位数序列号。其中，序列号采用连续编排方法。

（三）养老金产品托管人应当以产品的名义在其营业机构开立资金托管账户，资金托管账户是用于清算交收所托管养老金产品资产而设立的专用存款账户。资金托管账户名称为"××银行××公司××养老金产品资产"托管账户，"××银行"为养老金产品托管人的简称，"××公司"为养老金产品投资管理人的简称，"××银行××公司××养老金产品"名称应当与养老金产品备案确认函中的名称一致。

资金托管账户预留银行签章为"××银行××公司××养老金产品资产"专用章和托管人的授权人名章。专用章名称应当与资金托管账户名称一致，预留银行签章由托管人负责保管和代为使用。

托管人开立资金托管账户，应当向开户银行提供下列材料：

1. 投资管理人委托托管人开立养老金产品资金托管账户的委托书；

2. 《关于××公司××养老金产品确认函》复印件；

3. 托管人营业执照复印件；

4. 托管人基本存款账户开户许可证复印件；

5. 托管人"企业年金基金管理机构资格"证书复印件；

6. 其他要求提供的材料。

资金托管账户开立之后，投资管理人可以面向企业年金计划或者企业年金计划投资组合（养老金产品投资人）定向销售养老金产品。投资人依据《养老金产品投资管理合同》取得产品份额后，即成为养老金产品份额持有人。

（四）养老金产品发行后，投资管理人不得变更养老金产品类型。

（五）发生下列情形之一的，养老金产品变更：

1. 养老金产品名称变更；

2. 养老金产品管理费率调高；

3. 养老金产品投资政策变更；

4. 备案材料的其他主要内容变更。

投资管理人与托管人协商一致后拟变更养老金产品的，应当充分保障份额持有人的知情权，事先以公告等方式通知份额持有人,并向人力资源社会保障部重新履行备案手续;备案通过后,变更生效。投资管理人应当自变更生效之日起15日内,以书面送达或者公告等方式通知份额持有人。养老金产品变更,原产品登记号不变。

(六)投资管理人可以在《养老金产品投资管理合同》中约定,在不损害份额持有人利益且与托管人协商一致的前提下,对养老金产品下列内容进行变更:

1. 调低养老金产品管理费率;

2. 因法律法规修订而应当收取增加的费用;

3. 因法律法规修订而应当修改《养老金产品投资管理合同》。

投资管理人应当自变更生效之日起15日内以书面送达或者公告等方式通知份额持有人,并同时向人力资源社会保障部报告。

(七)发生下列情形之一的,养老金产品终止:

1. 投资管理人与托管人协商一致决定终止的;

2. 人力资源社会保障部按照规定决定终止的。

养老金产品自人力资源社会保障部出具的同意或者决定终止函生效之日起终止。

(八)养老金产品终止的,投资管理人应当以公告等方式通知份额持有人,并组织清算组对养老金产品资产进行清算,清算费用从养老金产品资产中扣除。

清算组由投资管理人、托管人、份额持有人代表以及投资管理人聘请的会计师事务所、律师事务所等组成。

清算组应当自清算工作完成后3个月内,向人力资源社会保障部提交经会计师事务所审计以及律师事务所出具法律意见书的清算报告,该报告同时向份额持有人公告。

四、养老金产品管理运行

(一)投资管理人、托管人各自以养老金产品为主体,采用份额法计量方法,独立建账、独立核算,根据《企业会计准则第 10 号——企业年金基金》《企业会计准则第 22 号——金融工具确认和计量》及相关会计准则,参照《证券投资基金会计核算业务指引》等规定,分别在每个交易日进行会计核算和估值,托管人应当复核、审查和确认投资管理人计算的估值结果。

(二)注册登记人负责办理养老金产品的注册登记业务。注册登记业务指登记、存管、清算和结算业务,具体内容包括份额持有人账户建立和管理、份额注册登记、销售业务确认、清算及交易确认、建立并保管份额持有人名册等。注册登记人应当在份额持有人办理申购赎回业务时向其提供交易确认电子数据。投资管理人委托其他机构办理注册登记业务所支付的费用,不得从养老金产品资产中列支。

注册登记人负责定期向份额持有人报告账户的份额、净值、申购赎回明细等信息,报告方式可以是纸质对账单或者电子对账单。注册登记人应当确保报告信息的及时、准确、完整。

注册登记人应当提供网站专区供份额持有人自助查询或者下载对账单。同时,应当为份额持有人提供纸质对账单或者电子对账单订阅方式,并按照订阅要求向份额持有人发送月度、季度或者年度纸质对账单、电子对账单。

(三)根据投资管理人的投资安排,托管人应当以养老金产品名义开立交易所证券账户、银行间债券账户、上海清算所持有人账户等账户。

托管人开立养老金产品交易所证券账户、银行间债券账户、上海清算所持有人账户时，应当提供下列材料：

1. 投资管理人委托托管人开立养老金产品各类账户的委托书；
2. 《关于××公司××养老金产品确认函》复印件；
3. 托管人"企业年金基金管理机构资格"证书复印件；
4. 《养老金产品托管合同》复印件；
5. 其他要求提供的材料。

（四）托管人应当按照本通知及《养老金产品托管合同》规定，对养老金产品资产的投资范围、投资比例、会计核算与估值、费用计提与支付等事项进行监督。托管人发现投资管理人违反本通知或者《养老金产品托管合同》规定的，应当及时通知投资管理人予以调整；投资管理人逾期未调整的，托管人应当上报人力资源社会保障部。

（五）养老金产品投资管理费按照固定费率收取，不收取业绩报酬，不提取风险准备金。

（六）养老金产品的投资管理费、托管费和其他相关费用，包括证券交易费用、资金划拨费用以及证券账户、资金账户等的开户及变更费用等，从养老金产品资产中扣除。

养老金产品投资管理人、托管人应当综合考虑养老金性质、份额持有人利益和市场发展等因素，合理确定管理费收取标准。

五、投资养老金产品

（一）企业年金计划投资组合资产投资养老金产品

1. 企业年金计划投资组合（以下简称"投资组合"）的投资管理人，可以将投资组合的委托投资资产投资于一个或者多个养老金产品。

2. 投资管理人将投资组合的部分或者全部委托投资资产投

资于养老金产品时,该部分或者全部委托投资资产不再计提投资管理费,也不提取风险准备金。

3. 规模较小投资组合的受托人或者投资管理人,应当优先考虑将该组合的委托投资资产全部投资于养老金产品。

4. 注册登记人负责以投资组合的名义开立养老金产品份额持有人账户,开户名称应当与投资组合名称一致,开户证件使用企业年金计划备案确认函,证件号码为企业年金计划登记号,组织机构代码证、税务登记证号码等使用投资组合投资管理人的信息。

5. 投资管理人将投资组合的委托投资资产投资于养老金产品时,应当经受托人同意。

(二)企业年金计划资产投资养老金产品

1. 法人受托机构可以将受托管理的企业年金基金资产,分配给一个或者多个养老金产品。法人受托机构应当在《企业年金计划受托管理合同》或者补充协议中说明将企业年金缴费分配给养老金产品的原则和方法。

法人受托机构应当与养老金产品投资管理人签订《企业年金计划投资管理合同》,《养老金产品投资管理合同》《养老金产品投资说明书》作为《企业年金计划投资管理合同》的附件。

2. 规模较小企业年金计划的委托人或者法人受托机构,应当优先考虑将企业年金计划基金资产全部投资于养老金产品。

3. 注册登记人负责以企业年金计划的名义开立养老金产品份额持有人账户,开户名称应当与企业年金计划名称一致,开户证件使用企业年金计划备案确认函,证件号码为企业年金计划登记号,组织机构代码证、税务登记证号码等使用法人受托机构的信息。

4. 企业年金计划法人受托机构和企业年金计划托管人应当分别完成企业年金计划的建账、估值核算、制作会计报表、信息报告等工作，法人受托机构对托管人出具的估值核算结果、会计报表及信息报告进行复核。

六、养老金产品信息披露和监管

（一）投资管理人应当在收到养老金产品备案确认函的下一个工作日，在指定网站及其公司官网上披露养老金产品信息。

养老金产品的投资经理发生变更，投资管理人应当自变更之日起3个工作日内，在指定网站及其公司官网上披露。

（二）养老金产品存续期间，投资管理人应当每个交易日在指定网站及其公司官网上披露经养老金产品托管人复核、审查和确认的单位净值。

（三）投资管理人应当按照有关规定，向份额持有人提供养老金产品季度报告和年度报告；如发生特殊情况，还应当提供临时报告或者进行重大信息披露。

（四）投资管理人、托管人应当按照有关规定，向人力资源社会保障部报告养老金产品的管理情况，同时抄报有关业务监管部门，并对所报告内容的真实性、准确性、完整性负责。

（五）养老金产品宣传推介材料应当含有明确、醒目的风险提示和警示性文字，提醒投资人注意投资风险。投资人应当仔细阅读《养老金产品投资管理合同》《养老金产品投资说明书》《养老金产品托管合同》，充分认知养老金产品的投资风险，审慎做出投资决策，自行承担投资损益。

（六）企业年金计划受托人，负责企业年金计划的投资比例控制；企业年金计划托管人负责监督。

企业年金计划投资组合投资管理人，负责投资组合的投资比例控制;企业年金计划托管人负责监督。

养老金产品投资管理人,负责养老金产品的投资比例控制;养老金产品托管人负责监督。

养老金产品投资管理人应当接受份额持有人和托管人的监督。

(七)养老金产品经人力资源社会保障部备案确认,并不表明其对养老金产品的价值和收益做出实质性的判断或者保证,也不表明养老金产品没有投资风险。

(八)投资管理人、托管人违反行政法规和本办法规定的,人力资源社会保障部根据第11号令规定进行处罚;对直接负责的主管人员和其他直接责任人员,可以采取监管谈话、出具警示函、记入诚信档案等监管措施。

(九)人力资源社会保障部、有关业务监管部门依法履行监督管理职责,对养老金产品的投资运作和管理情况进行定期或者不定期检查,投资管理人、托管人和注册登记人应当予以配合。

人力资源社会保障部办公厅关于印发扩大企业年金基金投资范围和企业年金养老金产品有关问题政策释义的通知

(2014年3月13日人力资源社会保障部办公厅发布
人社厅发〔2014〕35号)

各省、自治区、直辖市及新疆生产建设兵团人力资源社会保障厅（局），各计划单列市人力资源社会保障局，各企业年金基金管理机构：

《关于扩大企业年金基金投资范围的通知》（人社部发〔2013〕23号，以下简称23号文件）和《关于企业年金养老金产品有关问题的通知》（人社部发〔2013〕24号，以下简称24号文件）发布后，对拓宽企业年金基金投资渠道，提高投资效率发挥了重要作用。为进一步推动两个文件的贯彻执行，经商银监会、证监会和保监会同意，我们制定了《扩大企业年金基金投资范围和企业年金养老金产品有关问题政策释义》，现印发你们，请认真贯彻执行。

附件：扩大企业年金基金投资范围和企业年金养老金产品有关问题政策释义

附件

扩大企业年金基金投资范围
和企业年金养老金产品有关问题政策释义

一、23号文件第三条、第四条、第五条，24号文件第二条第（二）款3，专门投资组合的涵义：

专门投资组合是指将80%以上非现金资产投资于商业银行理财产品、信托产品、基础设施债权投资计划、特定资产管理计划或者商业银行理财产品型、信托产品型、基础设施债权投资计划型、特定资产管理计划型养老金产品中的一类产品而专门设立的投资组合。

二、24号文件第二条第（一）款3，专门投资组合的属性：

专门投资组合属于固定收益类组合，不得投资于股票基金、混合基金、投资连结保险产品（股票投资比例高于30%）、二级市场股票、股指期货及股票型养老金产品等权益类产品。

三、23号文件第二条第（一）款，24号文件第二条第（一）款，养老金产品的流动性：

为了满足直接配置混合型、固定收益型养老金产品的需要，确保流动性符合规定比例，混合型、固定收益型（商业银行理财产品型、信托产品型、基础设施债权投资计划型、特定资产管理计划型除外）养老金产品，投资银行活期存款、中央银行票据、一年期以内（含一年）的银行存款、债券回购、货币市场基金的比例，合计不得低于产品资产净值的5%。其余类型养老金产品和专门投资组合主要用于大类资产配置，可以不受5%流动性资产的比例限制，但应确保赎回的需要，减少净值波动。

四、24号文件第五条第（二）款，企业年金计划资产投资养老金产品的流动性：

企业年金计划资产投资养老金产品的，应当按照 11 号令及 23 号文件的规定，确保流动性资产的比例不低于企业年金计划资产净值的 5%。

五、23 号文件第五条，24 号文件第二条第（二）款 2，单个企业年金计划基金资产投资比例：

单个企业年金计划基金资产，投资商业银行理财产品型、信托产品型、基础设施债权投资计划型、特定资产管理计划型养老金产品，以及专门投资组合的比例，合计不得高于企业年金计划基金资产净值的 30%。其中，投资信托产品型养老金产品及信托产品型专门投资组合的比例，合计不得高于企业年金计划基金资产净值的 10%。

六、23 号文件第三条，24 号文件第二条第（二）款 3，单个投资组合委托投资资产投资比例：

单个投资组合的委托投资资产，投资商业银行理财产品型、信托产品型、基础设施债权投资计划型、特定资产管理计划型养老金产品，以及商业银行理财产品、信托产品、基础设施债权投资计划、特定资产管理计划的比例，合计不得高于投资组合委托投资资产净值的 30%。其中，投资信托产品型养老金产品及信托产品的比例，合计不得高于投资组合委托投资资产净值的 10%。专门投资组合可以不受此限制。

七、24 号文件第六条第（六）款，资产配置比例合规要求：

企业年金计划受托人、投资管理人应当分别从计划和组合层面对企业年金资产进行合理安排，确保资产配置比例符合相关规定，资产流动性满足待遇支付等业务需要。企业年金计划托管人、养老金产品托管人应当做好相应监督工作。

八、23号文件第六条，发行主体：

企业年金基金管理机构的控股子公司，在符合相关金融监管部门规定的前提下，可以作为商业银行理财产品、信托产品、基础设施债权投资计划的发行主体。

九、23号文件第六条第（三）款，大型企业划分标准及投资备案要求：

大型企业划分标准，按照国家统计局《关于印发统计上大中小微型企业划分办法的通知》（国统字〔2011〕75号）执行。

大型企业自身或者其控股子公司的企业年金计划基金资产，投资于该企业或者其控股子公司发行的商业银行理财产品、信托产品、基础设施债权投资计划，投资事项应当事前由该企业向人力资源社会保障部基金监督司备案。备案材料应当包括：本企业属于大型企业的说明函；企业年金计划拟投资产品的合规性说明函；该产品简介及发行主体信息（包括但不限于公司治理、信用评级、投资业绩以及上个会计年度末经审计的净资产等信息）；企业年金计划确认函。

备案材料应当符合监管规定和要求，内容真实准确完整，不存在任何虚假记载、误导性陈述或重大遗漏。人力资源社会保障部基金监督司在收到备案材料10日内未提出疑议，即视为通过。人力资源社会保障部基金监督司按照监管规定重点对企业及其子公司的主体资质合规性进行审核，不对该投资产品和投资事项做实质性审核和评估。企业年金受托人、投资管理人应按照法规及文件要求履行好各自职责，确保投资产品和投资事项合规有效，严控风险，托管人负责监督。

十、23号文件第十条第（二）款，企业年金基金投资特定资产管理计划：

企业年金基金投资特定资产管理计划时，不得投资除股指期货之外的商品期货及金融衍生品。

十一、24号文件第四条，养老金产品申购、赎回费用：

养老金产品应当免收申购费，可以收取一定的赎回费，赎回费应全部归入养老金产品资产。

十二、24号文件第四条第（一）款，养老金产品净值计算和会计核算：

投资管理人是养老金产品资产净值计算和产品会计核算的主会计人。与养老金产品有关的会计问题，如投资管理人与托管人充分协商仍无法达成一致意见的，按照投资管理人对产品资产净值的计算结果对外公布，但应当注明该资产净值计算结果未经托管人复核一致。

十三、24号文件第三条第（三）款、第五条，养老金产品投资人职责：

企业年金计划资产或者企业年金计划投资组合资产投资养老金产品，由企业年金计划受托人或者企业年金计划投资组合投资管理人代为行使养老金产品的投资人职责，作为养老金产品份额持有人。

十四、24号文件第一条第（二）款，第四条第（五）款、第（六）款，养老金产品投资于产品管理人管理的金融产品的收费：

养老金产品投资于同一投资管理人自身管理的金融产品，如万能保险产品、投资连结保险产品、证券投资基金、基础设施债权投资计划、特定资产管理计划等，该部分投资资产在养老金产品层面不再收取投资管理费，投资管理人在养老金产品投资管理合同和托管合同中应当明确包含这一条款。

十五、24号文件第四条第（四）款、第六条第（六）款，养老金产品合规时限要求：

投资管理人应当自养老金产品初始投资运作之日起3个月内使产品的投资范围及比例符合11号令、23号文件、24号文件等法规文件规定及产品合同的约定。因证券市场波动、上市公司合并、产品规模变动等投资管理人之外的因素致使产品投资不符合11号令、23号文件、24号文件等法规文件规定及合同约定的投资比例的，投资管理人应当在可上市交易之日起10个交易日内调整完毕。法律法规或监管部门另有规定的，从其规定。

十六、23号文件第二条第（一）款，24号文件第二条第（一）款4，银行存款流动性界定：

存款期限在一年期以内（含一年）的银行存款（定期存款、协议存款）可视为流动性资产。

十七、24号文件第五条第（二）款，企业年金计划资产投资养老金产品的账户要求：

法人受托机构将受托管理的企业年金基金资产直接分配给养老金产品时，托管人应当单独开立一个投资资产托管账户，专门用于根据法人受托机构的指令通过该账户进行投资养老金产品的资金划拨，法人受托机构和计划托管人分别对该账户的资产单独建账、独立核算，并进行信息报告，托管人应当定期与受托人核对该账户资产净值等账务，与账户管理人核对资产份额。

十八、23号文件第七条、第八条、第九条，评级机构：

企业年金投资品种所涉及的评级机构，应当分别符合银监会、证监会、保监会对相关产品评级机构的监管规定。

关于企业年金 职业年金
个人所得税有关问题的通知

(2013年12月6日财政部、人力资源社会保障部、国家税务总局发布 财税〔2013〕103号)

各省、自治区、直辖市、计划单列市财政厅(局)、人力资源社会保障厅(局)、地方税务局,新疆生产建设兵团财务局、人力资源社会保障局:

为促进我国多层次养老保险体系的发展,根据个人所得税法相关规定,现就企业年金和职业年金个人所得税有关问题通知如下:

一、企业年金和职业年金缴费的个人所得税处理

1. 企业和事业单位(以下统称单位)根据国家有关政策规定的办法和标准,为在本单位任职或者受雇的全体职工缴付的企业年金或职业年金(以下统称年金)单位缴费部分,在计入个人账户时,个人暂不缴纳个人所得税。

2. 个人根据国家有关政策规定缴付的年金个人缴费部分,在不超过本人缴费工资计税基数的4%标准内的部分,暂从个人当期的应纳税所得额中扣除。

3. 超过本通知第一条第1项和第2项规定的标准缴付的年

金单位缴费和个人缴费部分,应并入个人当期的工资、薪金所得,依法计征个人所得税。税款由建立年金的单位代扣代缴,并向主管税务机关申报解缴。

4. 企业年金个人缴费工资计税基数为本人上一年度月平均工资。月平均工资按国家统计局规定列入工资总额统计的项目计算。月平均工资超过职工工作地所在设区城市上一年度职工月平均工资300%以上的部分,不计入个人缴费工资计税基数。

职业年金个人缴费工资计税基数为职工岗位工资和薪级工资之和。职工岗位工资和薪级工资之和超过职工工作地所在设区城市上一年度职工月平均工资300%以上的部分,不计入个人缴费工资计税基数。

二、年金基金投资运营收益的个人所得税处理

年金基金投资运营收益分配计入个人账户时,个人暂不缴纳个人所得税。

三、领取年金的个人所得税处理

1. 个人达到国家规定的退休年龄,在本通知实施之后按月领取的年金,全额按照"工资、薪金所得"项目适用的税率,计征个人所得税;在本通知实施之后按年或按季领取的年金,平均分摊计入各月,每月领取额全额按照"工资、薪金所得"项目适用的税率,计征个人所得税。

2. 对单位和个人在本通知实施之前开始缴付年金缴费,个人在本通知实施之后领取年金的,允许其从领取的年金中减除在本通知实施之前缴付的年金单位缴费和个人缴费且已经缴纳个人所得税的部分,就其余额按照本通知第三条第1项的规定征税。在个人分期领取年金的情况下,可按本通知实施之前缴付的年金缴费金额占全部缴费金额的百分比减计当期的应纳税所得额,减

计后的余额,按照本通知第三条第 1 项的规定,计算缴纳个人所得税。

3. 对个人因出境定居而一次性领取的年金个人账户资金,或个人死亡后,其指定的受益人或法定继承人一次性领取的年金个人账户余额,允许领取人将一次性领取的年金个人账户资金或余额按 12 个月分摊到各月,就其每月分摊额,按照本通知第三条第 1 项和第 2 项的规定计算缴纳个人所得税。对个人除上述特殊原因外一次性领取年金个人账户资金或余额的,则不允许采取分摊的方法,而是就其一次性领取的总额,单独作为一个月的工资薪金所得,按照本通知第三条第 1 项和第 2 项的规定,计算缴纳个人所得税。

4. 个人领取年金时,其应纳税款由受托人代表委托人委托托管人代扣代缴。年金账户管理人应及时向托管人提供个人年金缴费及对应的个人所得税纳税明细。托管人根据受托人指令及账户管理人提供的资料,按照规定计算扣缴个人当期领取年金待遇的应纳税款,并向托管人所在地主管税务机关申报解缴。

5. 建立年金计划的单位、年金托管人,应按照个人所得税法和税收征收管理法的有关规定,实行全员全额扣缴明细申报。受托人有责任协调相关管理人依法向税务机关办理扣缴申报、提供相关资料。

四、建立年金计划的单位应于建立年金计划的次月 15 日内,向其所在地主管税务机关报送年金方案、人力资源社会保障部门出具的方案备案函、计划确认函以及主管税务机关要求报送的其他相关资料。年金方案、受托人、托管人发生变化的,应于发生变化的次月 15 日内重新向其主管税务机关报送上述资料。

五、财政、税务、人力资源社会保障等相关部门以及年金机构之间要加强协调，通力合作，共同做好政策实施各项工作。

六、本通知所称企业年金，是指根据《企业年金试行办法》（原劳动和社会保障部令第20号）的规定，企业及其职工在依法参加基本养老保险的基础上，自愿建立的补充养老保险制度。所称职业年金是指根据《事业单位职业年金试行办法》（国办发〔2011〕37号）的规定，事业单位及其工作人员在依法参加基本养老保险的基础上，建立的补充养老保险制度。

七、本通知自2014年1月1日起执行。《国家税务总局关于企业年金个人所得税征收管理有关问题的通知》（国税函〔2009〕694号）、《国家税务总局关于企业年金个人所得税有关问题补充规定的公告》（国家税务总局公告2011年第9号）同时废止。